LO QUE
LA GENTE
LISTA
SABE DEL
APRENDIZAJE

Si no estás Actualizado: estás OBSOLETO

A. GODINEZ / G. HERNÁNDEZ

UN LIBRO QUE ¡URGE LEER!

LO QUE LA GENTE LISTA SABE DEL APRENDIZAJE

SI NO ESTÁS ACTUALIZADO ¡ESTÁS OBSOLETO!

OTROS LIBROS DE LOS AUTORES

Todos estos títulos los podrás adquirir tanto en físico como en formato electrónico mediante:

- www.amazon.com
- www.lulu.com
- www.autoresexitosos.com

El Prodigio

- Integra la Competitividad como herramienta clave en todas las áreas de tu vida.
- www.elprodigio.com.mx
- Ignius Media Innovation, 2008

Despertar

- Libera el potencial infinito que hay dentro de ti.
- www.despertemos.net
- Ignius Media Innovation, 2009

Vitaminas para el Éxito

- ¡Consigue lo que deseas!
- Ignius Media Innovation, 2010

Despertares en Armonía

- Relatos que enriquecen e inspiran el corazón, realizados por Mujeres que comparten su Despertar a la Armonía.
- www.despertemos.net
- Ignius Media Innovation, 2010

Despertares en Armonía II

- Nuevos relatos que enriquecen e inspiran el corazón.
- www.despertemos.net
- Ignius Media Innovation, 2012

El Gran Libro de los Procesos Eficientes

- Los principios actuales de *LEAN MANUFACTURING* en industrias, negocios y oficinas. ¡Aplicados sin Igual!
- Ignius Media Innovation, 2014

El Gran Libro de las Mejores Preguntas para Vender

- Los secretos de la herramienta más poderosa que puede DUPLICAR TUS VENTAS: Vende Preguntando®
- Ignius Media Innovation, 2014

Vende ¡YA!

- Adquiere los secretos para convertirte en un Gran Vendedor y tener lo que siempre deseaste… ¡Incluso si has llegado a dudar de ti!
- Ignius Media Innovation, 2014

Planeación Estratégica TOTAL®

- El Método de Planeación Estratégica que ha sido adoptado por empresas visionarias.
- Ignius Media Innovation, 2014

LO QUE LA GENTE LISTA SABE DEL APRENDIZAJE

D.R. © 2014, Ana María Godínez González y Gustavo Hernández Moreno www.ignius.com.mx

Publicado por: © 2014, Ignius Media Innovation.,
León, Guanajuato, México
+52 (477) 773 – 0005
www.igniusmedia.com

Diseño de Cubierta: Pablo Vázquez
Diseño de Interiores: Gustavo Hernández
Edición: Magdalena Méndez
Fotografía de Portada: Gustavo Hernández
Primera Edición: Mayo, 2014
ISBN: 978-607-00-7781-4
Registro de Autor: 03-2014-022410562600-01

La presente obra se apoya en la *Ortografía de la lengua española* (2010), última publicada y la más completa de las ortografías académicas, donde se introdujeron diversas modificaciones con respecto a la *Ortografía de la lengua española* (1999) – Dichas novedades pueden consultarse en:
http://www.rae.es/sites/default/files/Principales_novedades_de_la_Ortografia_de_la_lengua_espanola.pdf

ANA MARÍA GODÍNEZ

Psicóloga, Empresaria, Escritora, Conferencista, Máster en Dirección Estratégica y Gestión de la Innovación; Experta en Grupos Operativos, Herramientas Avanzadas de Educación y Entrenamiento Dinámico, Liderazgo Transformacional y Ventas; especializada en procesos Industriales y Métodos de Negociación y Solución de Conflictos, cuenta con más de 16 años de experiencia práctica profesional.

Su formación y crecimiento interpersonal la han llevado a desarrollar innovadoras perspectivas en soluciones únicas de Productividad, Liderazgo, Ventas, Estrategia, Marketing, Éxito y Desarrollo Personal, creando un gran poder de transformación y acción, generando enormes beneficios, ventas y utilidades en las empresas y organizaciones asesoradas.

Desde muy temprana edad demostró sus habilidades en los negocios y relaciones humanas, creando emprendimientos de alta calidad, y sobre todo, siempre orientados a resultados con una amplia perspectiva a futuro. En lo académico se destacó por ser invitada por profesores a compartir sus habilidades en Aprendizaje Acelerado.

Sus habilidades de Comunicación la han llevado a ser ampliamente reconocida por sus "video—entrenamientos" que, mes a mes, llegan a miles de personas en toda América y el mundo.

GUSTAVO HERNÁNDEZ

Empresario, Consultor y constante Conferencista Internacional, Ingeniero Industrial, Máster en Dirección Estratégica y Gestión de la Innovación, es también Experto en Desarrollo Tecnológico, Diseño de Software, Métodos de Solución de Problemas y Creador de Trabajo Eficiente; así mismo Inventor, Fotógrafo, Productor, Editor y Escritor.

Se desempeñó exitosamente como Director General de una reconocida compañía proveedora internacional de la Industria Automotriz, cuyas ventas anuales superaron los $100 millones de dólares, entregando sus productos a algunas de las más destacadas marcas continentales como BMW, Toyota y GM, entre muchas otras.

A sus logros se suman la creación de diversas empresas de Innovación y Desarrollo de Tecnología aplicada a productos, procesos y servicios, cuyas patentes llegaron a protegerse y comercializarse internacionalmente por sumas mayores a los $ 20 millones de dólares.

Es un creativo ejemplar e incansable que está en una continua búsqueda y desarrollo de soluciones que ayuden a cientos de miles de personas y organizaciones tanto a tener mejores resultados como a aumentar su nivel de prosperidad y felicidad.

AGRADECIMIENTO

Agradecemos profundamente a todas aquellas personas con las que nos hemos encontrado en la vida y de las cuales hemos aprendido grandes cosas. Cada una de ellas ha sido un ingrediente fundamental en todo este proceso de aprendizaje desde nuestros padres, nuestros profesores de escuela; las grandes personalidades con las que nos hemos reunido de manera personal, hemos convivido y hemos aprendido de ellos, como Tony Buzan, Yoshimi y John Brett, Brian Bacon, Bobby DePorter; Jorge Plasencia, por ser un puente facilitador entre el conocimiento del mundo y el darlo a conocer a muchas personas así como las acciones positivas que esto conlleva; a la dedicadas maestras del Colegio Humane; a Roberto Cárdenas por su impulso constante a la educación, descubrimiento e integración de modelos; a Libyan Labiosa por ser ejemplo de dedicación, innovación y aplicación. A docenas o quizás cientos de personas más influyentes y conocedoras de las mejores teorías y aplicaciones prácticas en relación al aprendizaje y esos resultados. Gracias a sus enseñanzas hemos podido conformar esta teoría exclusiva de Ignius International y Big River International Progress Network denominada TAOL®.

Necesitaríamos quizás un libro completo para poder mencionar a cada una de las personas y las aportaciones que ellos nos han dado de manera notable para este despertar de consciencia en la relación a TAOL® y el poderlo llevar al mundo entero; a todos ellos nuestro más grande y profundo agradecimiento.

Ana María Godínez.

Gustavo Hernández Moreno.

DEDICATORIA

A Jorge Plasencia Bribiesca por ser uno de los medios más queridos y fraternos por el cual hemos aprendido mucho y hemos crecido muchos tantos más. Sus enseñanzas y charlas de café son como semillas que han caído en nuestra tierra fértil y ahora ayudan a miles y miles de personas a tener mejores mañanas gracias a una mejor educación. Gracias Amigo.

Ana María Godínez.

Gustavo Hernández Moreno.

"Si trabajas solo por el dinero, nunca lo conseguirás. Pero si amas lo que haces y siempre pones al cliente primero, el éxito será tuyo".
— Ray Kroc

PRÓLOGO

El objetivo de este libro es que toda persona, desde aquellos jovencitos que están en la escuela hasta aquellos jóvenes mayores que hace algunas décadas ya dejaron la escuela pero que están en la escuela de la vida trabajando y luchando día a día, tengan en sus manos un conocimiento invaluable respecto a lo que la Gente Lista sabe del Aprendizaje.

No pretendemos colocar un libro en donde se haga una recapitulación de las docenas de teorías respecto al aprendizaje, ni pretendemos que sea un libro científico que ambicione mostrar todas las acciones bioquímicas que suceden en nuestro cerebro a fin de que la persona aprenda, pues de estos encontrarás decenas en el mercado. Por el contrario, este es un libro en donde demostramos de manera práctica lo que otros han hecho y logrado gracias al aprendizaje.

Es un libro en donde encontrarás que tú como persona tienes un poder infinitamente mayor al que crees tener y puedes accesar a ese poder de manera bastante práctica y bastante simple, además, echamos abajo un sinnúmero de creencias limitantes que, quizás con la mejor de las intenciones, muchas personas en tu vida han puesto en tu mente y han logrado limitar de alguna manera tu crecimiento. Lo que te podemos decir es que cuando pones en práctica estas recomendaciones y forma de trabajo, podrás tener una capacidad inmensamente mayor de la que tienes hoy; lo único que tienes que hacer es ponerla en práctica.

Hemos visto con miles de personas, tanto de manera presencial como a distancia, que la metodología TAOL® funciona de forma increíble y lo que encontrarás en este libro de *Lo que la Gente Lista Sabe del Aprendizaje* son muchos *lingotes de oro* que podrás ir cobrando a medida que pones en práctica cada uno de los consejos y recomendaciones que te damos. No tiene porque fallar, la única manera en la que no te dará resultados es si no lo pones en práctica.

La Gente Lista sabe que si aprende las cosas correctas de la manera correcta obtiene resultados que nunca imaginó tener, ¿te gustaría tener resultados que nunca imaginaste tener? ¡Pues aquí inicia tu camino, te deseamos todo el éxito!

Ana y Gustavo.

"La Educación es el movimiento desde la oscuridad hacia la luz."
— Alain Bloom

CONTENIDOS

CAPÍTULO I

LA INQUIETANTE REALIDAD DE LA EDUCACIÓN Y EL APRENDIZAJE

> *"Sin educación no llegarás a ninguna parte del mundo."*
> *—Malcom X.*

Todas las personas tenemos una capacidad increíble de aprendizaje, mucho más allá de la que en muchas escuelas, programas de televisión y conferencias nos han hecho creer.

Nosotros, a través de miles de horas de capacitación, hemos constatado esto, ya que nuestra tecnología TAOL® lo ha demostrado en un sinnúmero de ocasiones; por ejemplo: hemos tenido personas que son obreros en las plantas de producción junto con personas que han tenido maestría y ambas entienden a la perfección los conceptos, ¿cómo es que se logra esto?, ¿qué no se supone que el obrero no debía entender lo que el administrativo sí debería comprender gracias a sus múltiples años de estudio? Por otro lado, también hemos tenido situaciones con preadolescentes de 14 años conviviendo con adultos de casi 60 años en donde el aprendizaje es significativo y comprendido por ambos.

Lo que nosotros hemos constatado una y otra vez, a lo largo de más de 25 años de experiencia en la aplicación de múltiples formas de aprendizaje, es que las capacidades del cerebro, y por lo tanto las capacidades del ser humano para aprender, son infinitas. Tú te vas a dar cuenta de esto.

No importa si tienes poca o mucha preparación, lo que importa es que eres un ser humano exactamente igual a todos los demás, genéticamente diferente, pero en un 99.99 por ciento igual a todos los demás seres humanos; y por lo tanto, si unos pueden conseguir algo, ¡tú también lo puedes conseguir!

Ponle una marca o subraya la siguiente afirmación que te vamos a compartir: *Tú tienes muchísimas más capacidades de las que alguna vez has creído tener.* A lo largo de los años, quizá con la mejor intención, quizá cargado de los paradigmas que tus antecesores les pasaron generacionalmente unos a otros, se te ha hecho creer un montón de cosas que son basura, mentiras, o por decirlo de una manera más políticamente correcta, meros paradigmas o creencias limitantes de tu entorno, ya sea tu familia, tus vecinos, tus compañeros de clase, tus profesores, la televisión, los compañeros del club social, etcétera. Algunos ejemplos de estas creencias limitantes que ya han sido metidas en tu cabeza, y que aparentemente para ti es imposible sacarlas, son:

1. Que las matemáticas son difíciles o no son para ti.

2. Que a nadie en la familia se les han dado las matemáticas.

3. Que eso de la gramática y la ortografía es aburrido y no lo voy a ocupar.

4. Que el aprender un segundo idioma es bien difícil o bien complicado.

5. Que la mente no me da para aprender un segundo y mucho menos un tercer idioma.

6. Que esto de la escuela no es lo mío.

7. Que como mujer hay que estudiar algo mientras me caso.

8. Que la escuela es aburrida.

9. Que la única manera de ser alguien mejor es estudiando una carrera, una maestría, un posdoctorado y todo lo que pueda venir surgiendo. Tú solo serás mejor mientras más títulos colgados tengas en la pared.

10. Que si ya eres máster o doctor en algo entonces ya llegaste a ser alguien.

Todas estas son creencias limitantes que, como te decimos, posiblemente con la mejor intención, la gente que te rodea te las ha hecho creer y por lo tanto, como tú confías en ellos, les creíste.

Esto es muy lamentable, porque quizá te estés limitando gracias a la buena intención que tuvieron las personas que te lo dijeron alguna vez pero, ¿sabes una cosa? La gran mayoría de esto es basura o no es cierto, te vamos a poner un ejemplo: ¿de qué te sirve tener un posdoctorado si no produces bienes o soluciones aplicables y rápidas para que la sociedad esté cada vez mejor? ¡De nada! Es como tener una biblioteca biológica. Y queremos ser muy claros: no estamos diciendo que esto sea malo. Lo vamos a repetir: no estamos diciendo que esto sea malo. Por si no lo captaste lo volveremos a repetir: *no estamos diciendo que el tener mayores grados académicos sea malo.*

Lo que estamos diciendo es que tú tienes una capacidad infinita, mucho más allá, mucho más grande de lo que alguna vez has pensado y puedes ser una Gente Lista rápido, que logre crear y materializar métodos, soluciones, herramientas, máquinas, inyecciones y todo lo que puedas pensar, de una manera real y efectiva.

El TAOL® lo hemos venido desarrollando y perfeccionando por años. Ha demostrado consistentemente que es una fórmula que genera resultados y en este libro podrás comprender los datos fundamentales al respecto de esta tecnología que hemos creado.

1.1. Mandamientos para obtener el éxito

El aprendizaje tiene que ver todo con el éxito, ¿para qué queremos aprender algo si no queremos ser exitosos? Og Mandino nos da excelentes ideas al respecto que debemos tomar en cuenta día tras día y minuto a minuto para lograr cada vez más aquello que nosotros anhelamos.[1]

1. Debes trabajar cada día como si tu vida estuviera en riesgo.

2. Debes aprender que, con paciencia, puedes controlar tu destino.

3. Debes trazar con cuidado tu destino o siempre llegarás a otro lado.

4. Debes prepararte para la oscuridad, mientras viajas bajo la luz del sol.

---

1 Mandino, Og. El éxito más grande del mundo, México, editorial Diana, 1982.

5. Debe sonreírle a la adversidad hasta que esta se te rinda.

6. Debes comprender que los planes son solo sueños cuando no hay acción.

7. Debes sacudir las telarañas de tu mente antes de que estas te aprisionen.

8. Debes aligerar tu carga si quieres llegar a tu destino

9. Nunca debes olvidar que siempre es más tarde de lo que piensas.

Te recomendamos ampliamente que uses estos nueve mandamientos minuto a minuto en tu vida, que si te es útil y quieres, los pases a un formato de Word o algo mucho más bonito si es que así les vas a hacer caso, los imprimas y los cuelgues en la oficina, en tu estudio o en tu lugar de trabajo para que siempre los tengas en mente, a la vista y nunca se te olviden.

Estamos seguros que esto es como tener un mejor par de zapatos muy cómodos que te ayudan a caminar más a gusto rumbo a tu éxito personal y profesional

1.2. Eliminemos la confusión entre Educación y Aprendizaje

Algo que normalmente sucede en todas las culturas y todos los países es que cada persona le da el significado que cree, o que le conviene darle, a las palabras y de esta manera manipula erróneamente el significado real de las palabras, por lo tanto si clarificases el significado real de las palabras te darás cuenta que has dado un enorme paso hacia aprender mucho más y mejor de lo que tú querías.

Si aprendiste un significado erróneo por "x" o por "y" razón puedes andar por la vida caminando erróneamente y por lo tanto obteniendo resultados no positivos, ¡ojo! Esto pasa más veces de las que creeemos, por esto es muy importante aclarar las palabras, aún cuando creas que es innecesario.

Educación

La educación, (del latín *educere* 'sacar, extraer' o *educare* 'formar, instruir') puede definirse como:

1. Instrucción por medio de la acción docente.[2]

2. El proceso multidireccional mediante el cual se transmiten conocimientos, valores, costumbres y formas de actuar. La educación no solo se produce a través de la palabra, pues está presente en todas nuestras acciones, sentimientos y actitudes.

3. El proceso de vinculación y concienciación cultural, moral y conductual. Así, a través de la educación, las nuevas generaciones asimilan y aprenden los conocimientos,

---

[2] Real Academia Española

normas de conducta, modos de ser y formas de ver el mundo de generaciones anteriores, creando además otros nuevos.

4. Proceso de socialización formal de los individuos de una sociedad.

Aprendizaje

La palabra "aprender" viene del latín *apprehendere*, compuesto por el prefijo *ad* (hacia), el prefijo *prae* (antes) y el verbo *hendere* (atrapar, agarrar).

1. Acción y efecto de aprender algún arte, oficio y otra cosa.[3]

2. En la psicología se define como: la adquisición por la práctica de una conducta duradera.

Bueno, en conclusión podemos entender que una persona puede ir a la escuela y puede estar en su

---

[3] Real Academia Española

casa para ser educado, pero para ser educado necesita aprender a ser educado Si en el tiempo este conocimiento o práctica no es duradera entonces realmente no fue un aprendizaje, sino que nada más fue una manera de estar presente y tener algún conocimiento fugaz que duró algunos instantes en la mente de la persona ; por lo tanto en el futuro no le servirá de nada.

El verdadero aprendizaje se relaciona con que sea lo que sea que aprendas lo tengas tan interiorizado en tu mente y en tu cuerpo que siempre esté presente.

1.3. Algo de biología para entender cómo aprendemos como humanos

El cerebro tiene físicamente un lado derecho y otro lado izquierdo, a los cuales les llamaremos "hemisferios", es decir, el hemisferio derecho y el hemisferio izquierdo Prácticamente estamos dividiendo al cerebro en dos, pero esto es fundamental porque cada uno de los hemisferios son totalmente diferentes, el entender cómo funcionan nos dará un conocimiento increíble para que tú puedas aprender lo que quieras y disfrutar al máximo ese aprendizaje.

En su libro "Aprendizaje Acelerado", la Maestra Linda Kasuga hace un acrónimo, un juego de palabras muy útil, muy práctico y muy gráfico de cómo podemos nosotros aprender fácilmente las diferencias entre un hemisferio y otro, comentando que el hemisferio derecho es *IMAGINATIVO* y el hemisferio izquierdo es *CONTROLADOR*[4]

Hemisferio Derecho (IMAGINATIVO)

1. Imaginativo

---

[4] Kasuga, Linda. *Aprendizaje acelerado estrategias para la potencialización del aprendizaje.* Grupo editorial tomo S.A. de C.V., 1999

2. Maneja el lado izquierdo del cuerpo

3. Apasionado

4. Genera emociones

5. Idealista, ilimitado

6. Novedoso

7. Asocia con metáforas

8. Tonos, sonidos, musical

9. Induce a la creatividad

10. Visionario, Holístico

11. Orientado a colores, olores

Hemisferio Derecho (CONTROLADOR)

1. Controlador

2. Organiza el lado derecho del cuerpo

3. Numérico

4. Textual, verbal

5. Regulador, normativo

6. Ordenado, secuencial

7. **L**iteral

8. **A**nalítico

9. **D**isciplinado

10. **O**bjetivo, lineal

11. **R**eglamentario

Si te fijas en las primeras letras de cada una de las palabras, encontrarás que esas letras forman tanto la palabra *imaginativo* como la palabra *controlador*.

Una de tantas claves para el éxito de nuestra tecnología TAOL®, la cual se aplica tanto de manera presencial en www.ignius.com.mx como de manera electrónica a través del e-learning en www.bigriveripn.com con increíbles resultados positivos, ha sido el saber integrar de manera práctica y eficiente las cualidades y características de cada uno de estos hemisferios.

Tú puedes hacerte muy eficiente en tu aprendizaje y ser una Gente Lista si descubres maneras de integrar cada una de las cualidades o características de los hemisferios en tu día a día Te acordarás de nosotros porque empezarás a tener mejores resultados y aprender de una manera más divertida y efectiva.

Vamos a hablar un poco más al respecto de cómo tú puedes explotar al máximo esta capacidad biológica, que por ser humano ya tienes, a favor de cómo puedes aprender más y mejor, convertirte en una Gente Lista del aprendizaje

1.4. Las personas que usan mayormente su hemisferio Izquierdo

Muchos educadores han aplicado el modelo de aprendizaje del hemisferio derecho y del hemisferio izquierdo en sus clases para ayudar a los estudiantes a entender cómo es que pueden aprender mejor[5].

Por la educación tradicional que hemos tenido desde nuestros ancestros hasta nuestros días muchas más personas usan su hemisferio izquierdo en mayor medida que el hemisferio derecho.

Tú vas a poder identificar fácilmente si eres una persona que mayormente usa su hemisferio izquierdo con los datos que te vamos a develar o mostrar a continuación, ya que estas personas:

1. Prefieren que les den o muestren las cosas en secuencia

2. Es más fácil aprender en partes que mostrarles un todo en general

3. Prefieren un sistema de lectura fonética, es decir, leer en voz alta

4. Les gustan mucho las palabras, símbolos y letras

---

[5] Jensen, Eric. *Brain-Based Learning*. The Brain Store, USA, 1995

5. Les gusta obtener información relacionada con lo que están aprendiendo

6. Se sienten mucho más cómodos cuando les dan instrucciones detalladas, ordenadas de manera secuencial

7. Son personas que tienen un mayor enfoque interno o una concentración interna

8. Ellos quieren estructura y predictibilidad

1.5. Las personas que mayormente ocupan el hemisferio Derecho

Lee las características y gustos de estas personas que te vamos a mostrar, a ellos normalmente nos referimos como personas "creativas" y de seguro vas a poder identificarte en algunas de ellas.

1. Ellos se sienten más confortables con las cosas aleatorias que estudiar de manera secuencial

2. Aprenden mejor viendo el todo y seleccionando las partes

3. Prefieren un sistema de lectura en donde puedan clarificar las palabras que no entienden

4. Les gustan mucho las fotos, los diseños, las gráficas, los colores y los dibujos

5. Prefieren experimentar lo que están aprendiendo

6. Prefieren obtener información y experimentar cómo lo que están aprendiendo se relaciona con lo que están viviendo

7. Prefieren la espontaneidad, van contra la corriente y les gustan mucho los ambientes de aprendizaje que sean libres y no cuadrados

8. Experimentan más un enfoque externo, es decir: aprender inglés aplicado a su entorno o alrededor

9. Quieren fórmulas nuevas, novedosas e incluso sorpresivas

1.6. Entonces, ¿qué está mal y qué está bien?

Te vamos a contar este pequeño secreto y es uno que nos ha llevado a ser muy exitosos pero, sobre todo, ha ayudado a miles de personas a ser muy exitosas. **El secreto es este: tienes que utilizar los dos hemisferios para un mismo aprendizaje.**

Eso es todo, no es que los que usan más el hemisferio izquierdo sean más listos que los que usan más el hemisferio derecho, o viceversa, en realidad la clave de todo es la manera de combinar ambos hemisferios y hay cientos de casos de personas súper exitosas y súper reconocidas en el mundo que son multimillonarias, ya sea económica o emocionalmente, y es gracias a que de alguna manera u otra han sabido utilizar los dos hemisferios a su favor en el momento adecuado, en la circunstancia adecuada. Esta es tu labor y aquí encontrarás mucho acerca de cómo hacer eso, así que continúa leyendo.

1.7. La joya de la corona: el Aprendizaje Enriquecido

Durante muchísimos años se han hecho experimentos obteniendo resultados consistentes al respecto de una fórmula que vaya mucho más allá de lo que cotidianamente se tiene como aprendizaje, a esto se le ha denominado el *aprendizaje enriquecido*.[6]

---

[6] Jensen, Eric. *The Brain In Mind.* ASCD. USA. 1998

El *aprendizaje enriquecido* es fabuloso, pues es como poner en juego todo lo biológico (tú puedes encontrar esta información en decenas de libros, por lo tanto no la vamos a ver aquí porque en este libro nos enfocamos a lo importante, así es simple y los fundamentos puedes ir conociéndolos a tu ritmo) al respecto de cómo el ser humano aprende pero de una manera ordenada, es decir, imagínate la mezcla perfecta de poner a funcionar el hemisferio derecho y el hemisferio izquierdo y esto tiene como resultado la creación de un *turbo cargador para el aprendizaje.*

El *aprendizaje enriquecido* se constituye básicamente de dos cosas que deben de combinarse de manera muy inteligente:

1. El reto

2. La retroalimentación

El Reto

Aquí se trata de ponerle retos que muevan de su zona de confort a los estudiantes o a las personas.

Para esto podemos echar mano de cosas que demanden atención y creatividad para poder resolverlas; cosas como:

1. Solución de problemas

2. Pensamiento crítico

3. Proyectos relevantes

4. Actividades complejas

5. Casos de estudio

6. Presentación de hipótesis

7. Problemas a resolver

La Retroalimentación

Vamos a entender por retroalimentación la acción de un elemento ajeno a ti, ya sea una persona, un mecanismo o sistema que está escuchando, viendo u obteniendo información de lo que dices y te lo está comentando de regreso para que tú sepas que es lo que está pasando. Por ejemplo, si tú te acercas a un espejo, el espejo te muestra tu figura, es decir, te está retroalimentando lo que está viendo. Esta es la manera más simple de entenderlo. Otro ejemplo son los exámenes: el profesor te pone un examen, tú lo contestas y se lo entregas, él lo revisa, verifica que las respuestas sean correctas y finalmente te lo entrega ya con una calificación, esto también es una forma de retroalimentación Otro ejemplo de retroalimentación un poco más brusco es cuando tu papá te pide que haga ciertas actividades en la casa, él se va a trabajar sabiendo que puede confiar en su hijo o hija y que va hacer la actividad; regresa, te ve sentado frente al televisor comiendo palomitas y ve que no hiciste nada, como retroalimentación recibes una regañada ancestral, un mes sin televisión y sin dinero para gastar, esta es otra forma de retroalimentación de tus acciones.

La retroalimentación en el caso del aprendizaje debe de ser:

1. Específica

2. Multimodal o de maneras diferentes

3. En el tiempo correcto, ni antes ni después

4. Controlada por la persona que está dando la retroalimentación

En la Tecnología TAOL® utilizamos magistralmente el *aprendizaje enriquecido,* tanto para eventos presenciales como para aprendizaje a distancia en lo que llamamos el e-learning, obteniendo los estudiantes enormes beneficios, un mayor conocimiento en menos tiempo y sobre todo que ellos pueden obtener mejores resultados en su vida personal y/o profesional en menos tiempo.

Tú también puedes de manera práctica empezar a utilizar esta tecnología usando retos constantes y retroalimentación, vamos a llamarle *prueba y error,* de esta manera puedes ir superando obstáculos cada vez más grandes en menos tiempo y por lo tanto tener mejores resultados en menos tiempo, lo cual te llevará a aumentar tus niveles de confianza y autoestima, ni que decir de tus niveles de prosperidad y felicidad.

1.8. Lo que actualmente está pasando en el entorno del aprendizaje

Bueno pues llegamos a una parte fundamental hasta el momento y es el mostrarte de manera real, clara y objetiva lo que está pasando al día de hoy en el entorno del aprendizaje. Estos son datos contundentes en la vida del estudiante moderno, del estudiante actual, no es que sea de otra manera, es así como están pasando las cosas y tienes que darte cuenta de ello para estar en sintonía con la realidad, estamos hablando de los estudiantes que actualmente son el mayor número dentro de las escuelas y esta es una realidad absoluta, así que te vamos a mostrar cuál es la vida del estudiante actual[7]:

1.   Herramientas principales para aprender:

---

[7]   facultyfocus.com. Higher ed teachings strategies from Magna Publications. Magna Publications. USA.

- o Laptop

- o Pluma y lápiz

- o Smartphone

- o Tableta

2. Lugares favoritos para concentrarse:

- o 42% recámara

- o 21% librerías

- o 14% en la cocina

- o 9% en algún café

- o 14% dos en algún otro lugar

3. ¿Qué come el estudiante?

- o El 47% come algo de comida rápida

- o El 26% no come mucho

- o El 18% come pizza

- o El 9% come alguna otra cosa

CAPÍTULO II

LOS SECRETOS DE LA GENTE LISTA

"La educación formal te dará un medio para vivir; la auto-educación te dará una fortuna."
—Jim Rohn.

2.1. A la Gente Lista le gusta la Masa

De seguro te ha pasado que estás frente a alguien aprendiendo algo, ya sea en la escuela o en el trabajo, y todo lo que te muestran en un proyector o lo que esa persona está diciendo te hace sentido; sin embargo, de pronto tu mente empieza a divagar y a pensar en los problemas del día a día, ya sea en tu familia, en tu trabajo, en tus parientes, en aquel pendiente que tienes que hacer en casa o en la reparación que tienes que hacer en tu coche y de pronto te encuentras con que la clase ya terminó o que estás de regreso a tu casa y toda esa información que te dieron se fue o no entró a tu mente, por lo tanto no hay más retención de esa información.

A la Gente Lista le gusta retener la información que es importante y para esto sabe que una de las fórmulas probadas más eficientes es el uso de la *masa*.

Masa es la manera de aprender utilizando prácticamente una forma bidimensional o tridimensional, es decir, poder explicar lo que quiero dar a conocer a través de objetos visibles que representen secuencias de pasos o secuencias de actividades y para esto lo que deben tomar es cualquier cosa, puede bastar desde unas piedras, unos lápices o cualquier tipo de objeto con el cual puedas mostrarle a las demás personas lo que quieres decir en tres dimensiones en donde ellos puedan incluso jugar con esos objetos, manipulándolos de una manera en la cual su mente vea de manera tangible y presencial aquello de lo que están hablando o aquello que están diciendo.

Si tú eres capaz de *duplicar* o *replicar* esta información a través de un juego bidimensional, tridimensional o de cosas tangibles que puedas mover de un lado a otro, entonces podrás tener un aprendizaje mucho más profundo, porque lo estás haciendo de la manera más explícita y no estás simplemente escuchando a alguien o viendo alguna presentación, por el contrario, estás *sintiendo* ese aprendizaje y tú lo podrás mover de un lugar a otro y podrás decir entonces que las cosas funcionan "primero así" y "luego así" y "luego de esta manera", todo siempre utilizando objetos. Dado que intervienen diferentes estímulos, tú podrás aprender de una manera mucho mejor y más práctica. Además, si tú estás enseñando, tus estudiantes lo podrán también aprender de una manera mucho más visual y ese aprendizaje durará mucho más tiempo a largo plazo.

Un buen ejemplo del uso de la *masa* es precisamente la experimentación química o la experimentación general, puesto que para hacer esto necesitas estar manipulando objetos y sustancias, al final tú ves el resultado y por esto es que a mucha gente este tipo de situaciones les ayuda a comprender mucho mejor aquello que están aprendiendo.

La gente común normalmente te dice que todo lo ha entendido perfectamente bien y algunos de sus comentarios son:

1. "Sí, ya le entendí."

2. "Perfecto, me queda claro."

3. "¡Ah, correcto! Ahora sí entendí."

4. "Ajá, muy bien, así lo haremos."

5. "Ok, perfecto."

6. "¡Ah, sí! ¿Cómo no?"

7. "Comprendo…"

Y el mayor problema es que te dicen que lo entendieron, que les quedó claro, que así lo harán y ¿sabes qué es lo que pasa? ¡Claro! Lo hacen mal o no lo entendieron o hacen una cosa y entregan otra o bien no le entregan a tiempo, y luego vienen con las típicas frases de: "Es que lo había entendido de otra manera.", "¡Ah, es que yo pensé que era así!", "¡Ah! Es que sí tenía dudas, pero no te quise molestar.", "¡Ah! Es que, ¿qué no era así?, "No, tú así me dijiste.", "No sé que habrá pasado… pero lo revisamos." Y por supuesto, cada una de estas excusas, además de ser bastante estúpidas, retrasan el trabajo de muchas personas ligadas a ellos y el trabajo de otros que no están ligados a ellos. Viene un ciclo negativo muy frustrante para muchas personas y es aquí en donde verdaderamente no sabes si la gente común está obrando deliberadamente de mala manera o simplemente no comprende la importancia de las cosas (es precisamente por esto que escribimos este libro), porque es justo que la gente común comprenda la importancia de las cosas y es justo que la Gente Lista, a través de ese aprendizaje constante y continuo del día a día, logre resultados muy positivos, muy favorables para cientos o miles de personas.

La condición normal o el estado normal es un progreso constante hacia una mayor prosperidad de la sociedad y eso solo lo lograremos si tenemos gente común que, cada vez más, se convierta en Gente Lista.

El trabajar con la *masa* o que las personas que representen al menos en dos planos lo que están entendiendo te garantiza un avance del 80% en la seguridad de que esas personas están comprendiendo lo que deben de hacer y por lo tanto aumentan en un 90% mínimo que el resultado final sea el adecuado.

Lo que la Gente Lista sabe es que si utilizan la masa como medio de aprendizaje entonces podrán aprender y comprender a fondo más cosas mucho más rápido, que retendrán mucho más en el futuro y esto les traerá mejores resultados en un menor tiempo.

2.2. A la Gente Lista le gusta la Aplicación

Te aseguro que si yo te diera una lectura o una conferencia al respecto de algo que considero muy importante y trascendente, pero tú no ves que esa información que estás recibiendo y ese tiempo que has decidido invertir llega a algo en específico o no tiene alguna aplicación cercanamente importante a algo que tú necesitas, deseas o esperas, ya sea en el corto o mediano plazo o incluso en el futuro, como largo plazo, pues simplemente tu atención bajará y empezarás a escuchar a una persona diciendo únicamente *bla,bla,bla,blá.*

Por lo tanto, es fundamental que constantemente estés observando como esa información que estás recibiendo tiene una aplicación, o mejor aún, tiene un sinnúmero de aplicaciones en la vida real, y cuando las personas observamos que lo que estamos viendo o aprendiendo tiene aplicaciones que son convenientes o son relevantes para nosotros, entonces nuestra atención se multiplica y se enfoca para recibir mucho más de esa información porque nuestro cerebro piensa: – *¡Ah, esto es muy importante para mí, para mi sobrevivencia y para mi futuro, por lo que le pondré una atención mayor!*

Así que constantemente debemos ocuparnos de identificar cómo esta información que estamos recibiendo tiene una aplicación, si esto no nos lo es comentado, entonces es nuestro trabajo preguntar por la aplicación y exigir que nos deben una explicación al respecto de cómo es que se aplica eso en nuestra vida real o para nuestros intereses, o bien, tú mismo crear una manera o imaginarte una forma en cómo eso que estás aprendiendo tiene una aplicación relevante para tu vida.

La gente común se queda siempre con la teoría, al ser personas que se quedan simplemente con lo que les dan, entonces en un alto porcentaje de los casos no verán la aplicación de eso que se les da, simplemente son como una grabadora digital que recopila o contiene información pero sin darle un uso benéfico o trascendente.

La Gente Lista está consciente y le encanta probar y experimentar pues sabe que la aplicación de lo que aprende es lo mejor de la vida, ya que de esta manera podrá darle un sentido increíblemente positivo a cada cosa que está aprendiendo.

Al aplicar lo aprendido, la Gente Lista ve como el tiempo, la energía y la pasión que le puso al aprender se ve cristalizada, se ve tangible y en ese momento, la Gente Lista se convierte en un artífice o creador de su futuro, es por esto que la Gente Lista regularmente logra muchísimas más cosas que la gente común, pues la Gente Lista siempre está aplicando cualquier cosa que está aprendiendo, por grande, pequeña o aparentemente irrelevante que sea, siempre aplica lo aprendido.

La Gente Lista está buscando inclusive en otros lados la aplicación de eso que aprendió, no solamente se limita a donde eso que está aprendiendo se aplica según se le informa, no; por el contrario ellos toman un dato que aparentemente se aplica a una sola cosa y lo llevan a otros ámbitos de su vida en otras cosas donde aparentemente no se ha aplicado, y es aquí en donde surge la innovación, gracias a que la Gente Lista no se limita a que le digan en donde exclusivamente, sino que siempre busca nuevos caminos y nuevas opciones de donde aplicar aquello que aprendió. Al hacerlo se encuentra con la bendición de que puede ser aplicado en lugares donde nunca pensó que podría aplicarse y de eso, de ese resultado, muchas veces llega a beneficiar a toda la humanidad, como lo vemos en cientos de personas que con sus descubrimientos, formas de pensar y de actuar han generado cambios radicales en el mundo y la historia de la humanidad entera.

Lo que la Gente Lista sabe es que si en cada cosa o en cada momento busca, entiende y comprende cómo eso que está observando en ese momento tiene una aplicación para su vida, en la cual es valiosa, entonces comprenderán mucho más; su mente se abrirá y recibirá información tal cual, porque su mente dice: "Me conviene mucho tener esa información y por lo tanto fácilmente lo aprenderé", así que lo único que tienes que hacer es que a cada situación le debes encontrar su aplicación en la vida real.

2.3. A la Gente Lista le gusta la Competencia

La Gente Lista siempre tiene un motivo absolutamente claro por el cual luchar, por el cual trabajar y por el cual dar el máximo esfuerzo.

Son personas que quieren superarse a sí mismos constantemente o superar a los demás para lograr sus metas y objetivos, normalmente tienen afinidad por un sentido de competencia positivo y favorable que les ayuda a generar ciertas sustancias químicas en sus cuerpos que los ponen alertas y ese motivo de estar alerta les ayuda a tener mucha más comprensión y apertura hacia las nuevas cosas.

La Gente Lista no son personas que tienen una obsesión *compulsiva* respecto a ser el mejor, o ser el número uno, simplemente tienen un deseo profundo de superar constantemente lo que han logrado en el pasado, pero sin llegar a tener una obsesión compulsiva ya que esto es algo negativo que perjudicaría profundamente el logro de sus objetivos y por eso no son gente que se preocupa de la nada o que se "ahoga en un vaso de agua".

Nunca verás a una Gente Lista ahogándose en un vaso de agua, porque **la Gente Lista sabe que siempre tiene que estar por encima del problema, no debajo de él.**

Si ellos están por encima del problema entonces pueden ver una infinidad de opciones para resolver o para aprender; pero si por el contrario, tú te encuentras debajo del problema , literalmente te aplasta, no ves opciones, te ves sin salida alguna, esto perjudica tu aprendizaje y, por lo tanto, perjudica tus resultados.

La Gente Lista sabe que la competencia es buena, ya sea para superarse a sí mismos o para superar a los demás, pero como ellos son muy listos no se estresan o se obsesionan, simplemente toman diferentes herramientas que la Gente Lista sabe que existen, las llevan perfectamente a la práctica y con esto saben que pueden lograr mucho más en menos tiempo.

Tú puedes hacer esto de una manera práctica y sencilla y por lo tanto puedes ser parte del club de la Gente Lista rápidamente, solo te tienes que ocupar de tener ese sentido de superarte a ti mismo con relación a lo que hiciste el día de ayer o la semana pasada.

2.4. A la Gente Lista le gusta la Duplicación

Imagínate esta situación: un profesor o un capacitador de una empresa está dando una información valiosa y entregando su máximo esfuerzo, de pronto le pregunta a alguno de los alumnos o alguno de los presentes algo al respecto de la información que acaba de compartir y resulta que no le pusieron la suficiente atención y por lo tanto no saben responder, ¿te suena familiar? ¿Es esto algo común?

Lamentablemente sí lo es, y bastante común. A esto se le conoce como una *falta de duplicación*.

La *duplicación* es la acción en la cual el receptor del mensaje puede duplicar o puede volver a decir el mensaje que recibió tal cual la persona que lo pidió lo quiso decir y con el significado que lo quiso decir, pero con una comprensión perfecta y completa, no como un cotorro.

La gente común, es decir la gente que no es lista, simplemente se pone a escuchar al maestro o al capacitador sin pensar que ellos les van a solicitar que dupliquen la información y por lo tanto su mente no se abre a esos nuevos conocimientos o esas nuevas ideas. Por el contrario la Gente Lista sabe que en cualquier momento la persona que está al frente o que le está compartiendo la información se la va a preguntar y por ello su mente se abre totalmente para poder recibir cada pieza de información, puesto que esta es muy importante no solamente porque le pueden preguntar o le pueden solicitar que lo duplique, por el contrario, porque ellos saben que esa información es importante y les va a ayudar en el futuro.

Si nadie te pide que dupliques ,entonces tú debes ser quien se exija a sí mismo el duplicar la información que está recibiendo y con esto podrás comprobar si estás entendiendo lo que realmente es y el significado con el cual te la están compartiendo, puesto que muchas de las veces las personas podemos estar atentos pero interpretar de una manera equivocada lo que el profesor o el capacitador me está diciendo, y yo pienso que lo aprendí bien; sin embargo, esto es erróneo ya que cabe la posibilidad de haber puesto atención y haberle interpretado de una manera equivocada.

Si tú *duplicas* la información entonces podrás saber si lo aprendiste o lo comprendiste de una manera correcta, de otra manera estarás en grave peligro.

La Gente Lista sabe que la duplicación de la información es fundamental y no lo hace exclusivamente porque el profesor o el capacitador se lo va a pedir, lo hace por que a la Gente Lista les gusta saber que están comprendiendo de manera correcta la información para no tener un dato erróneo en su mente y que esto les traiga consecuencias en el futuro.

La gente común simplemente se queda con lo que le dicen y nunca se pone a razonar si lo comprendió de una manera correcta, ellos son expertos en echarle la culpa y decir cosas como: "Pues así me lo dijeron", lo cual es bastante absurdo y patético, porque es prácticamente igual a que si el profesor o el capacitador te haya dicho "A ver muchachito o muchachita, aviéntate a la vía del tren", el muchachito o la muchachita se aventara y cuando llegara al cielo dijera: "¡Ay, pues yo me aventé porque me dijo!" Patético, ¿no lo crees? Bueno pues así hay… ¡miles!

2.5. A la Gente Lista le gusta Ver su Avance

Por naturaleza humana a todos nos gusta ver, sentir y saber que estamos avanzando, no que estamos retrocediendo.

La Gente Lista ha encontrado un sinnúmero de mecanismos y fórmulas para ver constantemente que va avanzando y se va acercando a aquello que ellos tienen en mente, de tal manera que esto de ver su avance es como el combustible que les ayuda a turbopropulsarse y acelerar su motor hacia el logro de sus metas o sus objetivos.

La pregunta aquí es: ¿tú de qué manera vas observando tu avance?, ¿ya tienes establecidos cuáles son tus metas y objetivos, mínimo a corto plazo? Bueno, pues en caso que no las tengas, ¿qué demonios estás esperando? ¡Ponte a trabajar y declara las metas o tus objetivos, a corto y mediano plazo, cualquiera que estas sean!

No hay manera de poder tener una visualización clara de tu avance si ni siquiera te pones alguna meta o un objetivo en particular. Repetimos, no importa lo que esto sea mientras, sea algo positivo y a favor de la vida, a favor del progreso, a favor de la competitividad y a favor de la humanidad. ¡Obvio!

Determina fórmulas o métodos o mecanismos en las que puedas ir observando tu avance, tu progreso, esto pueden ser cosas como: que ya sabes hacer cosas que antes no sabías hacer, o que las cosas que ya sabes hacer ahora las haces de una manera más rápida o más eficiente, o que cada vez eres más rápido para aprender cosas de las que no sabías nada, etcétera.

A la gente común esto no le importa, simplemente como dicen, "esto les pasa de noche", es decir, no ven ni les importa su avance o ver su avance hasta seis meses después cuando ya es demasiado tarde.

Otro tema que concierne a la gente común es no darle importancia al avance que tengan, es decir, normalmente la gente común es muy amistosa y por lo tanto te dirá *sí* a todo, pero cumplirá muy poco de eso a lo que se compromete y esto lleva a la desgracia, no solamente de la gente común sino de todas las personas que están alrededor de esta gente, pues al no cumplir lo que se compromete o lo que promete, entonces afecta a un sinnúmero de personas, no solo en su círculo cercano, sino que en muchos círculos alrededor o lejanos de él.

La gente común no aprende que el cumplir los acuerdos a los que se compromete o cumplir los acuerdos que promete, es la base fundamental de un comportamiento honesto y a favor del desarrollo, es decir, que aquellos que no lo hacen, aquellos que no cumplen lo que prometen son en pocas palabras una amenaza a su desarrollo y al desarrollo de los demás, y aquellos que no observan constantemente su avance, o que saben que es malo no observar su avance y sabiendo esto aun así siguen sin desarrollarse o sin colocar acciones específicas para entregar lo que tienen que entregar cuando lo tienen que entregar con la calidad que lo deben entregar, se convierten finalmente en el mayor lastre o el mayor peso muerto que un grupo o una sociedad tiene, pues detendrán su progreso y esto no es justo para la sociedad.

La Gente Lista sabe que no tiene que ser un obsesionado con su avance, simplemente lo que hacen es que van retroalimentando su ego o su pasión o su motivación al momento que están observando que van avanzando; sin importar de que se trate, ellos notan que van avanzando, como por ejemplo: hacen las cosas más rápido, aprenden más rápido, venden más rápido, puede reestructurar las cosas más rápido o de una mejor manera, se convierten en líderes más rápido, etcétera.

La Gente Lista sabe que el ver su avance constantemente les retroalimenta el espíritu y les llena de fortaleza para seguir adelante siendo cada vez más listos y no "gente del montón".

2.6. A la Gente Lista le gusta Preguntar

"No hay preguntas tontas sino tontos que no preguntan", versa el dicho.

No sabemos cuántas veces tendrás que leer o escuchar esto para poderlo llevar a la práctica, lo que sí sabemos es que cientos de miles de personas han escuchado, visto y tal vez a muchos les han repetido este lema una y otra vez pero lamentablemente siguen exactamente igual, sin preguntar.

El preguntar es fundamental porque es una manera de realizar una duplicación, es decir, muchos estudiantes no preguntan porque simplemente no pusieron atención y ¡no tienen la más vaga idea de qué demonios preguntar! Así que si preguntan es muy probable que hagan el ridículo simplemente porque preguntarán una tontería basada en el hecho que no pusieron atención y por lo tanto sus colegas podrían burlarse de ellos. Entonces, ¿en dónde reside el problema? Fácil, en que desde el inicio estas personas no estuvieron abiertas a la información y no tienen la información consigo.

Ahora bien, la gente común pregunta a lo tonto, a lo bruto y pregunta cosas ridículas porque normalmente no tiene la información, se perdió en el tiempo y en el espacio, quiere retomar las cosas; algunos otros se sienten tan empoderados que preguntan por preguntar o por hacerse los importantes, lo cual es una tontería.

El preguntar te lleva a nuevas conclusiones, hace necesario que hayas puesto atención, demuestra que en tu cerebro se están moviendo las neuronas y se están creando conceptos e ideas que te están haciendo sentido en donde tu cerebro dice: *"¡Oye! Me falta una parte de la información para completar toda esta idea conjunta"* y entonces lo que hace tu cerebro es mandar a tu cuerpo la orden de: "Pregúntale esto a la persona que tienes enfrente". Con ese dato o con ese pedazo de información tu mente y tu cerebro completa la idea general y viene lo que se conoce como un *"¡Ajá! experience"*, un *"insight"* o como dicen *"un momento en donde te cayó el veinte"*, simplemente un momento de comprensión importante.

La gente común no pregunta, o pregunta cosas absurdas por hacerse notar , para que piensen que "sí estaba presente y poniendo atención". Esta gente común simplemente se queda con la información que les están compartiendo y normalmente cuando salen de la clase o de la capacitación comenta con sus colegas: *"Pos' yo no le entendí nada ¿y tú?".*

No hay, no existe una mejor manera que *aprender preguntando*, ¿por qué es esto?, Simplemente porque al preguntar, previamente tu cerebro tuvo que trabajar en la formulación de una pregunta y previo a eso tuvo que trabajar en la comprensión de las cosas que está conociendo o está observando, de tal manera que, en resumen, está poniendo toda la atención posible y esto le permite formular preguntas que enriquecerán su conocimiento.

La Gente Lista sabe que al estar formulando nuevas preguntas ellos serán capaces de ver diferente a lo que la gente común ve, dado que la gente común a todos dice que sí comprende, cuando en realidad posiblemente esté escuchando algo, viendo algo y pensando en otra cosa. Esto genera que no se comprenda lo que se quiere aprender y por lo tanto se vuelve una desgracia, porque fue una pérdida de tiempo ya que estuvo en un lugar para aprender ciertas cosas cuando su mente estuvo en otro lugar totalmente diferente y el aprendizaje no sucede.

La Gente Lista normalmente hace preguntas inteligentes, preguntas que expanden su nivel de comprensión y conocimiento al respecto del tema, preguntas que les llevan a entender más profundamente o a afianzar lo que están aprendiendo de tal manera que con esos datos pueden generar nuevas ideas inclusive mucho más allá de lo que les están compartiendo en el salón de clases o en el salón de capacitación, estos datos que ellos crean a partir de esas preguntas son los que hacen la gran diferencia y los colocan muy por encima de su grupo de amigos o en el trabajo de sus competidores.

2.7. A la Gente Lista le gusta tener todo a la Mano

Por favor dime: ¿a ti te gusta perder el tiempo? ¿Crees que a mucha gente de tu familia les guste perder el tiempo o la vida en cosas sin sentido? ¿No sería acaso mejor hacer un uso más productivo del tiempo?

La Gente Lista sabe que el tiempo nunca lo va poder recuperar, un minuto que pasó, ¡ya pasó! Nunca más va a poder recuperar ese tiempo o ese minuto.

La Gente Lista tiene una magnífica obsesión con el uso de su tiempo, saben cuánto tiempo le deben dedicar a algo y saben que si algo les lleva mucho tiempo deben cambiar la manera en la que hacen las cosas para que eso les tome menos tiempo.

La Gente Lista sabe que si las cosas las realizan una manera más productiva, más efectiva, eficiente y eficaz entonces podrán realizar más cosas en el mismo tiempo y por eso es que ellos aprenden rápidamente cómo hacer cualquier cosa, por insignificante que sea, de una mejor manera.

La Gente Lista sabe que si encuentra formas de hacer las cosas de una manera más eficaz o más rápida y con mayor calidad, entonces podrá tener cada vez más tiempo y ese tiempo lo podrá utilizar ya sea en aprender nuevas cosas, estar con su familia, en generar nuevos negocios, en generar nuevas investigaciones, en generar nuevos métodos que logren la evolución total de las personas que están a su alrededor o cosas de igual o mayor magnitud de impacto e importancia.

La Gente Lista aborrece, le incomoda, le irrita, el perder el tiempo por no tener las cosas a la mano porque a ellos les encanta tener un lugar para cada cosa y cada cosa en su lugar, son de esas personas que están viendo el monitor de su computadora, estiran la mano, abren el cajón de su escritorio, toman una pluma y ni siquiera voltearon a ver en dónde estaba la pluma, porque siempre tienen todo a la mano, siempre tienen todo en donde debe estar, siempre está en el mismo lugar, no pierden tiempo en estupideces porque siempre tienen un sistema, un método, una manera, un orden, una organización, que les permite tener todo a la mano: información, objetos, detalles, datos e incluso tienen a la mano un procedimiento para tomar decisiones de manera eficaz.

La gente común simplemente no valora el tiempo, para ellos esto es algo irrelevante, es algo sin importancia, les da igual si les toma poco o mucho tiempo, simplemente no ven el valor del tiempo, lo cual es una desgracia, no solamente para ellos sino para su círculo de personas porque quizás en él existan personas que sí valoran el tiempo, entonces la gente común lo que hace es robarles su tiempo y obviamente esto no es agradable para los demás.

La gente común vive su día a día sin un propósito, es algo peor que "una maceta en el pasillo", porque al menos el propósito de la maceta en el pasillo es darle vida a ese pasillo, pero la gente común muchas veces nada más vive por vivir su vida y el problema no está solamente en ellos sino en el efecto negativo que causa a los demás.

La Gente Lista sabe que si puede ahorrarse un minuto aprendiendo una nueva forma de hacerlo, aprendiendo una manera diferente de hacerlo, aprendiendo que lo puede hacer con otra herramienta, con otro método o con otra forma de realizarlo o concretarlo, entonces vale la pena porque habrá ahorrado un minuto y ese minuto se lo puede destinar a su ejercicio, a su vida personal o familiar, a la nueva manera de hacer un negocio multimillonario, a estar con los amigos, etcétera.

Ellos saben que si son capaces de ahorrar un minuto ese minuto lo podrán convertir en oro, y ese oro significa poder hacer más de lo que les gusta y disfrutar día a día de una manera más plena su vida.

La Gente Lista siempre tiene en su mente: "¿Cómo puedo hacerlo más rápido?" "¿Cómo puedo hacerlo con mayor calidad a la primera?" "¿Por qué hacerlo así me dará más tiempo o me ahorrará dinero?" "¿Cómo puedo hacerlo de una manera automática?" "¿Por qué el hacerlo así logrará que tenga más tiempo para descubrir nuevas maneras de mejorar?" Imagínate esto: un vendedor que hace 10 cierres de ventas al día y este vendedor logra identificar cómo puede hacer 30 cierres al día con una manera y herramientas *diferentes, este vendedor habrá triplicado sus ingresos gracias a que pensó una fórmula diferente y esto es porque siempre tiene a la mano las cosas que necesita.*

2.8. A la Gente Lista le gusta ir Paso a Paso

Los tontos se quieren comer el mundo a puños y esto simplemente no es posible, lo que debes hacer es ir paso a paso, pero como versa el dicho: "más vale un paso que dure, que un trote que canse".

La Gente Lista no se pone objetivos inalcanzables, quizá para la gente común los objetivos de la Gente Lista sean inalcanzables pero eso es porque la gente común no tiene idea de cómo lograr las cosas.

La Gente Lista, por el contrario, va dando pasos seguros y esos pasos posiblemente sean ágiles, pero va comprendiendo y cumpliendo paquetes de objetivos uno a uno.

Es decir, la Gente Lista sabe que no puede aprender algo complejo si antes no ha aprendido las bases de eso complejo. Pongamos el ejemplo de una Gente Lista que quiere aprender a ser catador de vino. Bueno, pues si en la primera sesión ya quiere empezar a dominar las notas terciarias del vino, simplemente se encontrará con una frustración enorme. Recuerda que la Gente Lista no es gente sobrenatural, es gente tan natural como tú y como nosotros, son gente promedio, pero que son bastante listos y es por eso que ellos saben que tienen que ir primero conociendo poco a poco y paso a paso lo necesario de lo que quieren aprender; por ejemplo, primero tendrán que aprender respecto de las uvas; luego tendrán que aprender respecto de las tierras en donde se cultivan las uvas; después tendrán que aprender acerca de la manera en la cual se produce el vino para conocer todos los procesos físicos y químicos que tienen lugar, para posteriormente conocer las notas primarias, secundarias y terciarias de los olores del vino.

La Gente Lista sabe que tiene que ir paso a paso en el conocimiento de las cosas, sabe que si se salta un paso entonces va tener una falta de información y eso no es bueno. Ellos siempre buscan tener la información completa, pero la diferencia está en que ellos lo hacen de una manera extremadamente eficaz, han logrado crear una manera de aprender en la cual aprenden los pasos de manera muy rápida.

La gente común se quiere comer la información a puños y creen que lo pueden lograr sin esfuerzo. Esto, en la gran mayoría de los casos, es una mentira.

La Gente Lista sabe que si va aprendiendo paso a paso y no olvida ningún dato en cada uno de esos pasos entonces tendrá el conocimiento completo, la Gente Lista pone atención en cómo aprender paso a paso y si algo les falta, preguntan o investigan para tener todos los pasos completos y bien estructurados.

2.9. A la Gente Lista le gusta los Recordatorios Visuales

La Gente Lista sabe que no necesita tener millones de datos en la mente, ni necesita saberse de memoria esos millones de datos, a ellos lo que les encanta es extender recordatorios visuales que en fracciones de segundos les hagan recordar lo importante.

Recuerda que a la Gente Lista no le gusta perder el tiempo a lo estúpido, sino buscar cómo tener más tiempo de mayor calidad, por eso es que siempre tienen una magnífica obsesión respecto a cómo ahorrar tiempo y el tener recordatorios visuales es una forma excelente de ahorrar tiempo.

Ellos usan los recordatorios visuales de las formas más creativas que te puedas imaginar, desde un póster que trae el 1, 2 y 3 de los pasos importantes para algo, hasta agendas simples pero efectivas.

Millones de gentes comunes piensan que la clave es tener millones y millones de datos en la cabeza, almacenados de memoria. Eso es como si tú cargaras todos tus libros y libretas de la escuela, desde que estabas en tus primeros grados hasta la universidad, todos los días por si alguien te preguntara algo. Absurdo, ¿no lo crees?

La gente común u ordinaria siempre refiere o hace mención de que no necesitan una agenda, no necesitan recordatorios visuales o no requieren de que alguien o algo les esté diciendo las cosas; sin embargo, sus resultados no son tan favorables y es porque los recordatorios visuales son una gran clave del aprendizaje, algunos ejemplos son los siguientes:

1. Calendarios semanales para recordar lo que deben hacer o las fechas más importantes.

2. Agendas para llevar los compromisos de la semana.

3. Diplomas que le permiten a la Gente Lista estimularse para conseguir más cosas.

4. Recordatorios visuales que le recuerdan a la Gente Lista hacia dónde va, o bien frases estimulantes hacia el logro de sus objetivos.

5. Frases con autosugestión, es lo que les permite mantenerse motivados en diferentes momentos del día, como en su coche, su oficina, su casa o incluso *post its* pegados en algunos espejos en ciertos lugares.

6. Diagramas que les permiten recordar cómo deberán ser realizadas las cosas y les permiten compartir esa información con más gente a fin de lograr las cosas de una manera efectiva, eficiente y eficaz.

7. Notas breves en sus teléfonos para recordar ciertos datos importantes.

8. Sistemas de información de 10 segundos, esto es, que siempre tienen a la mano (ya sea en su teléfono, su tableta, computadora o incluso algunos en sus monitores dentro de sus oficinas) gráficas de comportamiento de sus organizaciones, lo que les permiten hacer en tan solo unos instantes cómo es que ese comportamiento se está dando momento a momento y minuto a minuto.

La Gente Lista sabe que no debe tener todos los datos en la mente, ellos saben a quién le pueden preguntar y saben cómo pueden investigar de una manera rápida y efectiva . Les encantan los recordatorios visuales, desde recordatorios motivacionales, hasta recordatorios de métodos o formas de hacer las cosas, porque saben que con esos breves datos podrán tener mucha información y la podrán poner en práctica de manera rápida.

2.10. A la Gente Lista le gusta la Aplicación Ágil y Práctica

Recuerda que la Gente Lista tiene una magnífica obsesión con el uso de su tiempo, es por esto que normalmente la Gente Lista protesta cuando le están dando miles de datos irrelevantes, ellos son de los que prefieren los datos puntuales que les ayudarán a tener mejores resultados de manera inmediata y de mediano plazo, pero sin descuidar el largo plazo.

A la gente común no le importa esto y puede pasarse muchos minutos, o muchas horas, escuchando un montón de datos irrelevantes y de "bases", de "fundamentos", de "paja", de "relleno" o de bla, bla, bla, sin decir nada relevante para cambiar su vida o mejorar sus relaciones (recuerda que la gente común no tienen una magnífica obsesión con el tiempo y por lo tanto no les importa en qué lo pierden).

A la Gente Lista le gusta que le muestren formas de aplicar lo que está aprendiendo o ellos mismos ver la manera de aplicar lo que están aprendiendo, para que entonces el aprendizaje les sea significativo y lleguen por sí mismos a conclusiones acerca de cómo lo están aprendiendo; con eso incluso puede llegar a otra serie de conclusiones que mejoren lo que están aprendiendo.

La Gente Lista es increíblemente demandante en pedir saber cómo eso que está aprendiendo lo puede aplicar. Y no lo pueda aplicar en un solo campo si no que lo pueda aplicar de varias maneras. Ellos son incansables en la manera en cómo aplican las cosas, cómo experimentan con eso que están aprendiendo y cómo esa experimentación de lo que están aprendiendo los pueden acercar a ser más eficientes para que

puedan obtener mejores resultados en un tiempo mucho menor,

ellos no dejan de aplicar, ellos están viendo formas diferentes

de cómo aplicarlo para obtener siempre el mejor resultado

posible, porque saben que ese tiempo que le están dedicando es

valioso y saben que lo que van obtener de sobra va a ser mucho

más valioso aún.

2.11. A la Gente Lista le gusta sentirse Motivada

La motivación es un símbolo universal de la Gente Lista.

La motivación la podemos definir como la capacidad de tener un sinnúmero de opciones de frente o al respecto de una situación en particular; mientras más opciones tengamos al respecto de algo en específico entonces nos sentiremos más motivados para hacer las cosas.

La gente común normalmente se enfrenta a las mismas cosas que la Gente Lista, sin embargo, la gente común tiene una sola opción para salir adelante, alguna opción para hacerle frente a esa cosa, una opción para poder resolver esa situación; por el contrario, la Gente Lista siempre está pensando muchas formas diferentes de cómo hacer frente a esa cosa, problema o situación en particular.

Ellos, la Gente Lista, son incansables en encontrar maneras diferentes de hacerlo, maneras más económicas, maneras más rápidas, maneras con mejor calidad, maneras con mayor efectividad, etcétera. Ellos saben que no necesitan de otros para sentirse motivados, sino que ellos han encontrado la manera de motivarse a sí mismos a través del sinnúmero de opciones que tienen siempre bajo la manga.

En el fútbol americano hay una regla para todos los jugadores y esa regla es: "Nunca dejes de mover las piernas". En este sentido, la gente común es aquella que a la primer tacleada deja de mover las piernas y simplemente cae; por el contrario la Gente Lista son aquellas personas que, independientemente de que tengan a tres defensores encima y estén llegando más para taclearlos, *no dejan de mover las piernas* porque saben que pueden ganar una yarda más y con esto conseguir un "primero y diez", o porque saben que pueden llegar a zafarse , librarse de esos defensores , llegar a la línea de anotación y anotar. Ellas son incansables, nunca dejan de mover las piernas, nunca dejan de generar opciones.

La Gente Lista reconoce que la sensación de sentirse motivado es una de las mejores sensaciones del ser humano y que esta es un alimento vigorizante que nutre su existencia para vivir a un nivel inimaginable, con el cual logran vencer todas las barreras y obstáculos a los que se enfrentan .Saben que el aprendizaje los llevará a obtener esto de una manera más práctica, con menos recursos y con una mayor felicidad.

La Gente Lista comprende que el aprender lo que deba aprender de una mejor manera y en un tiempo más corto le llevará a sentirse mucho más motivado o motivada y con esto no nada más se beneficiará él sino que contagiará a toda la gente que está a su alrededor para que se conviertan en un motor imparable de logros.

La Gente Lista tiene un motor interno de motivación, y ese motor es el número de opciones que crea ante una situación. Esta situación puede hacer su trabajo cotidiano en el cual crea una, dos o tres o más opciones para poder hacerlo de una mejor manera, o para estudiar de una mejor manera, o para alcanzar sus metas de la mejor manera.

Ellos tienen un motor interno incansable, que funciona las 24 horas del día, los siete días de la semana, independientemente de si están solteros, casados o tienen cinco hijos, ellos nunca te darán justificaciones absurdas o estúpidas o mediocres, ellos simplemente se enfocan en crear nuevas opciones, en crear formas diferentes de hacer las cosas y siempre obtienen mejores resultados gracias a esa motivación que obtienen de generar muchas opciones para salir adelante.

2.12. A la Gente Lista le gusta el Orden

Como lo hemos comentado anteriormente, a la Gente Lista le gusta aprender las cosas de una manera ordenada. Pero no solo eso, también le gusta vivir de una manera ordenada.

Ellos saben que si no están las cosas en su lugar, es decir, si no hay orden, entonces habrá caos; si hay caos habrá confusión y si hay confusión perderán el tiempo a lo tonto. Y eso no les agrada.

La gente común no pone importancia en el orden, puesto que para ellos el tiempo no tiene importancia y el caos que genera confusión y pérdida de tiempo, ellos simplemente tienen la conciencia de que eso es malo y no les importa, prefieren vivir en un mundo de desorden.

La Gente Lista sabe que el orden le trae muchos beneficios. Por ejemplo, piensa en un estudiante que está aprendiendo algo de matemáticas y él hace todo el procedimiento en orden, repite ese orden una y otra vez hasta que lo domina de manera natural, no de memoria, sino de una manera natural en la que siempre sigue sus pasos y siempre sigue ese orden, ¿qué resultados obtendrá? ¡ Excelentes resultados!

Ahora piensa en un equipo de asalto SWAT o en un equipo del ejército y los cuerpos elite, como Los Marines o los Ranges, ellos siempre siguen un orden establecido porque les ayuda a ahorrar segundos, a tener todo estandarizado, les ayuda a salvar su vida y la vida de muchas personas.

Ahora piensa en un dentista. Imagínate un dentista que siempre pone las cosas en diferente lugar y nunca sigue un mismo orden, ¿tú irías con ese dentista? ¡Por supuesto que no! Porque no eres tonto. Dirías: –"*Ese dentista es pésimo porque se pasa buscando las cosas, posiblemente no están sanitizadas como deben estar, seguramente el trabajo que hará en mi boca va ser un desastre y yo no quiero estar así*". Bueno, pues tenemos millones de personas comunes que hacen eso, ¿acaso no es espantoso?

La Gente Lista tiene una magnífica obsesión con el orden, son ordenados en su vida, son ordenados en su escritorio, son ordenados en la manera en la que administran su tiempo, independientemente de que tengan a una asistente o varias asistentes súper eficientes, siempre tienen un orden en su vida.

La Gente Lista sabe que si invita al orden a formar parte de su vida el orden le traerá enormes beneficios y esto podrá diseminarlo con otras personas a las que él estima y ama, por esto es que la Gente Lista siempre está pensando en cómo poder implementar un mejor orden en sus cosas, un orden que les dé a ganar un minuto más al día o 10 minutos más al día, porque saben que la recompensa será grande.

2.13. A la Gente Lista le gusta el Aprendizaje Acelerado

El aprendizaje acelerado es una tecnología que ha venido a revolucionar el aprendizaje alrededor del mundo.

Decenas, o quizás cientos, de personas han perfeccionado la técnica durante años y han logrado incrementos increíbles de cinco a 50 veces más habilidad sin perder retención, además de que exige muy poco esfuerzo y es utilizado tanto por estudiantes pequeñitos como adultos mayores, teniendo resultados excepcionales.

Obviamente a la Gente Lista le encanta el utilizar este tipo de aprendizaje porque con él obtiene mejores resultados en menos tiempo y la maestra Linda Kasuga nos comenta cosas interesantísimas respecto a esta tecnología de aprendizaje que no solamente tiene que ver con cómo entender más rápido sino también retener durante una mucho mayor cantidad de tiempo lo aprendido.

La sugestología pretende poner en funcionamiento las facultades del cuerpo, las del hemisferio izquierdo y las del hemisferio derecho, de forma conjunta para que el individuo pueda ser mucho mejor en todo aquello que se proponga.

Para Gorgi Lozanov, educador y psicólogo búlgaro que se convirtió en una de las figuras más destacadas en el campo del aprendizaje, comenta que el ser un acelerador de la educación es lo más importante del mundo, ya que la vida entera es aprendizaje.

El primer paso del *aprendizaje acelerado* es comprender que las limitaciones son lo más peligroso que hay para el aprendizaje. Durante años muchos profesores y muchas personas te han hecho creer que tienes limitaciones, pero no las tienes, el cerebro es infinitamente superior, mucho más inteligente de lo que tú crees, el cerebro no tiene limitaciones, el *coeficiente intelectual* es un concepto que lo único que ha hecho es hacer creer a las personas, a algunas de ellas, que tienen un bajo promedio y esas personas por lo tanto piensan que son *burras* o menos listas que las demás; por el otro lado, afortunadamente para las que su coeficiente intelectual aparece como mayor ellas, sabiendo eso tienen una descarga de confianza, seguridad y motivación en sí mismos que les permite desarrollar la naturaleza propia del cerebro, que es el ser muy, pero muy listo.

La Gente Lista usa en su día a día el aprendizaje acelerado y lo convierte en parte de su vida, gracias a este es que logra grandes avances, logra aprender en muy poco tiempo lo que otros no llegan a aprender en mucho tiempo. La Gente Lista sabe que si aprende cosas importantes mejor que otros esto le dará una ventaja competitiva, podrá lograr más cosas en menos tiempo y con esto no solamente ayudarse mejor a sí mismo, sino ayudar a muchas más familias y más personas.

2.14. A la Gente Lista le gusta Complementar su Aprendizaje

La gente común simplemente se queda con la información que las personas, los profesores, sus jefes o los capacitadores les comparten o les dan.

La gente común se convierte siempre en una víctima de las circunstancias, siempre sufre porque las otras personas no le dan lo necesario (¡pobrecitos!), siempre tiene pretextos acerca de cómo es que le faltó algo que alguien no les dio, siempre están *fuera de causa*, es decir, las otras personas son los responsables y nunca lo son ellos.

Esto por supuesto es una gran desgracia, pues por eso es que son gente común y normalmente no salen de ahí, porque este fenómeno del que hablamos lo repiten una y otra vez en sus diferentes esferas de vida como:

1. Su escuela o institución académica

2. Su trabajo

3. Sus relaciones familiares

4. Sus relaciones sociales

5. Sus relaciones con Dios

Normalmente en todos los aspectos y ámbitos de su vida se vuelven un parásito que depende de los demás y que dependen de que los demás hagan cosas por ellos, y claro, si no lo hacen entonces siempre es culpa de todos menos de ellos.

La Gente Lista nunca se queda con lo que el profesor, los jefes, sus papás o los capacitadores les comparten, ellos siempre buscan más, siempre preguntan más, siempre andan experimentando como complementar ese aprendizaje que obtuvieron o esos datos que les fueron compartidos.

Ellos saben que si hacen las cosas ordinarias, es decir, quedarse simplemente con lo que te dan, entonces serán personas ordinarias. Y eso no le gusta a la Gente Lista.

Las personas comunes u ordinarias no salen de empleos comunes u ordinarios, de salarios comunes u ordinarios, de círculos sociales comunes u ordinarios, de viajes comunes u ordinarios, de estilos de vida comunes u ordinarios, de formas de pensar comunes u ordinarios.

La Gente Lista reconoce que el complementar el aprendizaje tiene un valor infinitamente mayor al aprendizaje que están viendo, y por esto es que siempre buscan cómo añadir o enriquecer elementos a ese aprendizaje que están obteniendo, ellos son unos constantes inconformes con lo que obtienen, nunca se conforman con lo que tienen, siempre están haciendo cosas diferentes para obtener más a partir de lo tienen porque saben que solamente ellos son responsables de ampliar su aprendizaje, de ir más allá con ese aprendizaje inicial que tuvieron y lograr nuevas ideas y perspectivas al respecto, saben que ellos son los únicos responsables y gracias a eso es que la Gente Lista obtiene resultados extraordinarios ¿por qué? Porque no hacen las cosas ordinarias que la gente ordinaria hace.

2.15. A la Gente Lista le interesa Entender sus Comportamientos Clave

La gente común normalmente anda por el mundo simplemente vagando, viviendo, trabajando o respirando, anda como un zombie que no observa cuáles son sus *comportamientos clave*. Muchas de las veces, no les interesa porque no quiere enfrentarse a ellos y verlos cara a cara, pues normalmente muestran cobardía al no querer darse cuenta de la realidad.

No queremos decir de ninguna manera que el vivir sea malo, por supuesto que para eso venimos a este mundo: a disfrutar al máximo de cada momento y vivirlo intensamente pero, de una manera 100% consciente y no de una manera inconsciente como la gente común lo vive.

Es fundamental que descubras en ti mismo cuáles son tus *comportamientos clave*, es decir, aquellos comportamientos en donde tú sabes que reaccionas de una o de otra manera. El entender esto te dará una comprensión increíble de tu ser humano y de esta manera podrás saber a qué reaccionas mejor y a qué reaccionas peor, podrás entender cómo es que aprendes mejor y cómo es que aprendes peor. De esta manera serás capaz de buscar las fórmulas más convenientes para que obtengas los mejores resultados en menos tiempo.

Te recomendamos que te observes a ti mismo día con día y te preguntes:

1. ¿De qué manera estoy aprendiendo mejor?

2. ¿Ahora qué hice para aprender esto rápido?

3. ¿Por qué será que aprendo mejor de esta manera?

4. ¿Por qué será que me cuesta trabajo aprender de esta otra manera?

5. ¿Cómo puedo mejorar mi aprendizaje al perfeccionar las maneras en las que aprendo mejor?

6. ¿Cómo puedo sacar algo positivo o cambiar de negativo a positivo de las maneras en las que aparentemente aprendo peor?

7. ¿Qué estoy sintiendo? ¿Lo que siento al momento en el que me enfrento a un problema o una situación como esta?

8. ¿Qué pasa por mi mente cuando tengo un determinado comportamiento o tengo una determinada reacción? ¿A qué se debe?

9. ¿Qué puedo ganar de cambiar mis comportamientos negativos y hacerlos comportamientos positivos?

La Gente Lista entiende perfectamente bien que el conocerse y reconocerse a sí mismo es el primer paso para aprender lo que sea, sin importar la edad que tenga. Ya sea que sea un niño en sus primeros años o un adulto mayor que está

por aprender algo nuevo, invariablemente, la Gente Lista

entiende sus comportamientos clave, entiende a qué reacciona

mejor, entiende en qué situaciones se encuentra de una mejor

manera o con un mejor carácter, entiende cómo cambiar una

situación o un entorno en el que no se desenvuelve tan bien a

un mundo en donde se desenvuelve perfectamente bien, todo

esto gracias a que entiende perfectamente bien sus

comportamientos clave.

2.16. A la Gente Lista le encantan las Historias de Éxito

La gente común es totalmente predecible, este tipo de gente no ve más allá de sus narices, simplemente se queda con lo que otros le comparten como información no busca más allá, es una persona que se conforma con lo que le dan y lo peor es que le echa la culpa a todos de que no le dieron suficiente cuando algo no lo sabe. De seguro ya has de estar visualizando alguna u otra persona con estas características ¿o no?

La gente común es el típico ejemplo de personas que incluso llegan a menospreciar, difamar o minimizar el éxito de otras personas. Por lo regular no le gusta el éxito de los demás y por lo tanto no son afines a buscar información de otras personas que han logrado éxitos enormes. Ya sean estudiantes o profesionistas, normalmente no se dirigen o no buscan la ayuda de personas exitosas, ellos dicen: –"*Yo puedo hacerlo por mí mismo sin la ayuda de nadie más*".

Para salir de esa zona tan negativa lo que debes hacer es identificar las historias de éxito en tu ramo, identificar quiénes son las personas exitosas, qué es lo que han hecho estas personas para salir de lo común, profundizar en todos los datos que puedas encontrar de ellos y comenzar a seguirlos fielmente. Una vez que tengas todos esos datos verás que tendrás un camino trazado hacia el éxito y ahora es momento de implementarlo, de cometer errores que ciertamente saldrán en el camino, pero como eres una Gente Lista sabrás que esos errores te harán cada vez más fuerte.

Las historias de éxito son historias inspiradoras de personas comunes que lograron cosas extraordinarias y fuera de lo común Si tienes tu almanaque o concentrado de historias de éxito verás que otros, algunas veces con menos capacidades y menos recursos, han logrado lo que tal vez para ti parece imposible. Y ellos lo lograron gracias a que se inspiraron en Gente Lista, no en gente común, eso te lo podemos garantizar.

La Gente Lista por lo regular sigue estas cosas que a continuación te comento para lograr inspirarse de las historias de éxito:

1. Ubica cuál es la necesidad que tiene en su vida para poderse inspirar o tomar más impulso.

2. Comienza a buscar en todas las fuentes posibles, como Internet, libros, bibliotecas y amigos, historias de éxito al respecto de aquello que necesita en ese momento o que le inspirará para hacer su trabajo.

3. Disfruta al máximo esa búsqueda y de cada una va aprendiendo lo mejor.

4. Separa o selecciona aquellas historias de éxito que más le son relevantes y comienza a profundizar más en ellas para aprender todo lo que sea posible.

5. Alguna Gente Lista incluso llega a guardar físicamente las historias de éxito en un álbum para siempre tenerlas presentes.

6. Platican con personas emprendedoras y exitosas en su comunidad para aprender de sus experiencias.

Gente Lista está en una búsqueda constante de historias de éxito en diferentes áreas de su vida como: en el área familiar, en el área profesional de su trabajo actual, en el área de desarrollo profesional, en el área económica, en el área espiritual o bien todas aquellas áreas que están a 360° de su ser, pues toda la Gente Lista sabe que siempre ha habido y seguirá habiendo personas que hagan la diferencia y personas que logren cosas extraordinarias en medio de un mundo común.

La Gente Lista no es conformista, no se limita a lo que simplemente le dan, sino que por el contrario, expande sus capacidades sabiendo que él o ella son responsables de todo lo que pueden llegar a lograr, para esto puede inspirarse y lo hacen así de personas que lo han logrado antes.

2.17. A la Gente Lista le gusta conocer el "hilo negro"

La gente común anda descubriendo toda su vida el "hilo negro"; esto significa que anda descubriendo aquello que ya antes se había descubierto muchas veces por muchas personas, ¡por increíble que esto parezca!

La gente común piensa que el descubrir el hilo negro de nuevo es algo bueno en donde está utilizando su tiempo, aparentemente trabajando y sacando algún provecho de esto. Sin embargo, la triste realidad es que esto no es cierto y lamentablemente al final de la historia con lo que se encuentra es que muchos días de su vida los ha gastado en redescubrir el hilo negro y desafortunadamente esos días nunca más regresarán.

Esto lo podemos ver en pequeños detalles cotidianos que tal vez le llevan desde cinco minutos, hasta grandes detalles de investigación que posiblemente a muchos les lleve años de y concluyen que mucho de lo que están investigando o "descubriendo" ¡previamente ya se había descubierto! Es por esto para no caer en este tremendo error la Gente Lista siempre realiza algo que se conoce técnicamente como "la búsqueda del arte previo".

La Gente Lista no pierde tiempo en buscar o redescubrir el "hilo negro", la Gente Lista siempre hace primero una búsqueda del arte previo, esto significa que realiza una investigación o una pesquisa al respecto de lo que ya existe relacionado con el tema o con la materia en cuestión, digamos que la Gente Lista es muy práctica y antes de comenzar a crear algo primero se asegura de que alguien no lo haya creado antes. En nuestra experiencia más de un 99% de las veces alguien ya creo o generó algo antes de lo cual tú puedes partir y perfeccionar.

Aquí entra el concepto de innovación, precisamente en ese 1% que no se ha creado y que la Gente Lista viene a crearlo, a darlo al mundo y ponerlo a disposición de su beneficio.

Ahora bien, no estamos hablando de grandes inventos. No, no, por el contrario, estamos hablando de cosas tan cotidianas como:

1. Tareas y trabajos que le dejan en la escuela, sin importar el grado académico de avance que lleven al momento, ni la edad de la persona.

2. Investigaciones o simples búsquedas de métodos que lleven a la persona a tener un mejor resultado en sus diferentes ámbitos: el laboral, el profesional, el familiar, e incluso el espiritual.

3. Información de ayuda o de soporte que le permita tomar una mejor decisión al respecto de algo que debe hacer: poder realizar la compra de una casa, la

adquisición de un arrendamiento de un auto, la simple selección de un auto o inclusive de un colchón.

4. También entran las cosas más serias, como una investigación muy profunda al respecto de la creación de algún instrumento, alguna medicina o procedimiento que puede llegar a ser patentado.

5. Búsquedas rápidas en Internet, ya sea en blogs o videos, donde pueda encontrar respuestas a preguntas que tenga. Esas respuestas las puede tener en instantes y ahorrarse miles de dólares y semanas, o hasta meses, de trabajo.

La Gente Lista es muy práctica y tiene en mente lo siguiente: el 99% o más de las cosas, es decir, de los "hilos negros", ya fueron hechos previamente. Sabiendo esto, tiene una vida tan llena, tan plena, tan abundante y tan intensa debido a que ellos enfocan su tiempo y su trabajo específicamente en ese 1% que no ha sido creado y se complementan del otro 99% que ya fue creado para generar

tanto cosas verdaderamente sorprendentes o bien ahorrar una

cantidad enorme de tiempo y tener excelentes resultados, este

es un gran secreto que la Gente Lista pone en práctica día con

día.

2.18. A la Gente Lista le gusta la Colaboración

La Gente Lista sabe que no puede saberlo todo. Esto es algo que a simple vista parece sumamente lógico o incluso puede rayar en lo absurdo, sin embargo la gente común piensa que sí puedes saberlo todo, y esto sí que es algo absurdo.

¿Cómo es que llegamos a esta conclusión? Bueno, normalmente una gran parte de la gente lucha por lograr cosas, ya sea por sacarse una mejor calificación, por tener un mejor trabajo, por hacer más rápidas y eficientes las cosas, por batallar menos, por lograr lo que quiere en menos tiempo, etcétera, y para esto la gente común se involucra mucho, se mete a fondo para buscar por él mismo cómo obtener esas cosas, dedica una inmensidad de tiempo y muchas veces dinero y esfuerzo para lograrlo, pero mucho de esto lo hace por sí solo.

Aquí es donde entra el dicho de que la gente común *vende* de tiempo.

Por el otro lado la Gente Lista por supuesto que tiene también muchas aspiraciones, muchas cosas por lograr y muchas metas que conquistar; sin embargo, sabe perfectamente bien que no tiene que saberlo todo y que por supuesto nunca podría saberlo todo, así que lo que hace es juntarse, acercarse, reunirse, convivir, reunirse con personas que sí lo saben, que ya han recorrido ese camino, que tienen experiencia en el tema, que saben hacerlo de una mejor manera que la primera vez y de esta manera obtienen lo que desean en un mínimo de tiempo, con un mínimo de recursos y con una mejor utilización de su vida. Es por esto que tenemos y vemos a Gente Lista muy contenta, siempre con una sonrisa y con una inmensa diversidad de opciones.

Aquí es donde entra el dicho de que la Gente Lista *compra* tiempo.

La Gente Lista busca la colaboración de expertos, de personas que ya hayan andado esos caminos en todos los ámbitos de la vida como por ejemplo:

1. En un trabajo escolar para generar algo de gran valía como resultado final; buscan a personas que lo hayan logrado, que hayan sacado excelentes calificaciones o bien que sean expertas en la materia.

2. En unas clases extracurriculares, como por ejemplo pintar; buscan a otros pintores que les compartan su experiencia, sus trucos, sus aprendizajes, hacen sus tip así como compartirles lo que para ellos debe de ser hecho, lo que no debe de ser hecho y lo más importante: porque debe o no debe de ser hecho.

3. Al momento de tomar una decisión: buscan a otras personas que hayan estado en su lugar, que hayan decidido previamente,

personas de confianza que tengan experiencia en la toma de decisiones y con esto les ayuden a tener un mayor panorama, una más amplia gama de opciones y, por supuesto, recomendaciones al respecto de los escenarios tanto de tomar una decisión como de otra decisión.

4. Al momento de crear un emprendimiento o hacer un nuevo negocio: buscan a personas experimentadas que ya hayan cruzado o recorrido ese camino para conocer su punto de vista.

En resumen, la Gente Lista siempre busca la colaboración para tener mejores resultados.

La Gente Lista sabe que esta colaboración le permite tomar mejores decisiones y hacer mejores trabajos en un tiempo mínimo y con un resultado multiplicativo, al contrario de si solamente tomara él la decisión; siempre es sabio rodearte de personas que hayan demostrado su experiencia en aquello en lo que tú estás incursionando.

La Gente Lista sabe que es mejor escuchar diez veces y hablar una cuando se trata de saber algo.

2.19. A la Gente Lista le gustan los Reconocimientos

A nadie le gusta trabajar mucho, logrando lo que los demás no logran y encontrarse con que no hay nada ahí al final para ellos.

La gente común normalmente necesita del reconocimiento de los demás hacia el trabajo que ellos realizan para sentirse plenos.

La Gente Lista por el contrario, el reconocimiento lo tienen primero de su propia persona, pues reconocen por sí mismos que lo que están haciendo es algo bueno, es algo interesante y es algo que pocas personas logran; y en segundo lugar se alimentan del reconocimiento que los demás les dan, pero es un reconocimiento que obtienen gracias a que hicieron un trabajo extraordinario, que da resultados extraordinarios. Eso la gente lo aprecia y se los reconoce 10 o 50 veces más grande que a la gente ordinaria.

La gente común también se alimenta de reconocimiento, pero de un reconocimiento cercano, que no tiene un alto impacto sino de que es personal, tal vez hacia ellos nada más, hacia lo que ellos lograron, hacia lo que ellos tuvieron, hacia lo que ellos realizaron, hacia lo que ellos generaron y no del impacto que tuvo eso que generaron.

La Gente Lista sabe que si genera cosas para que a ellos les vaya bien pero sobre todo para que a los que están a su alrededor les vaya excelentemente bien, como nunca antes pensaron que les iría y obtengan resultados que nunca en su vida pensaron obtener, entonces podrán tener un gran reconocimiento.

La Gente Lista se reconoce a sí misma, no vive del reconocimiento de los demás sino de su propio reconocimiento y aprecia el progreso de los demás, pues sabe que es muy importante dar reconocimiento, por el estímulo que este genera en las personas.

2.20. Testimonios de la gente que ha experimentado el TAOL® presencial

La Tecnología y modelo educativo TAOL® ha dado resultados increíbles en su formato presencial gracias a su fórmula 100 % probada. Aquí te mencionamos algunos de los testimonios de personas que han estado en contacto con esta tecnología a través de diferentes cursos que se han manejado en diversos lugares.

Por cuestiones de protección a los datos personales y todas las leyes alrededor que en las últimas décadas se han formado y en los últimos años han estado fuertemente en vigor, no podemos compartirte el nombre completo de la persona pero sí el testimonio tal cual él lo redactó:

1. "La vocación de servicio se hizo presente en cada momento y constato que sentí que IGNITION (Gustavo y Ana) se despojó de sus conocimientos para que yo me lo llevará con clara intención de aplicarlo en todo momento de mi vida", Armando C.

2. "Me deja una herramienta súper poderosa para enfrentar la vida, de igual manera rompo paradigmas los cuales me evitan ganar o tener éxito", Isaac D.

3. "¡¡¡Maravillosos!!! Todo ha sido muy claro y muy preciso, cada persona en mi empresa deberá aprender esto sin importar su posición en ella. Es una herramienta muy poderosa para la vida", Daniel M.

4. "Es una experiencia muy grata y que impulsa a seguir superando mis metas y a desarrollar a todo nuestro personal porque no les puedo negar conocer esto que me motivó mucho. ¡Gracias!", Arturo A.

5. "El curso es una excelente herramienta para comenzar a hacer cambios en nuestras empresas, sin necesidad de hacer una inversión adicional y lo mejor de todo es que el conjunto de aprendizajes están comprobados que sirven", Ana E.

6. "He leído libros sobre liderazgo e incluso he tomado muchos cursos, pero la sencillez y profundidad con la cuál he recibido este conocimiento me motiva verdaderamente a aplicarlo en mi vida en general", José R.

7. "Es un evento con gran claridad, mi contexto creció inmensamente, ahora tengo mayores herramientas para ser exitoso y compartir el éxito con mi país", Francisco S.

8. "Siempre que acudo a un taller de Ignius me llevo mucha información y un refrescar que puede hacer la diferencia en mí y en los que me rodean porque yo les agradezco todo lo que aportan a tanta gente", Claudia J.

9. "Este es el curso más revelador que he tomado. La sensación de adrenalina por

todo lo excepcional que me espera es fantástico", Alejandra R.

10. "¡Muchas Felicidades! es una consultoría de mucha calidad. Tienen cursos innovadores, claros y herramientas aplicables y un entorno moderno y completo. Es muy padre como utilizan todos los canales de percepción de la gente", Yolanda A.

CAPÍTULO III

LA EDUCACIÓN DEL PRESENTE CON MUCHO FUTURO: TAOL®

"El propósito de la educación es reemplazar una mente vacía por una mente abierta ."
—Malcom Forbes.

3.1. El Modelo Educativo y de Aprendizaje TAOL®

Durante más de 20 años hemos estado inmersos en la educación y aprendizaje de alguna u otra manera, estando con las máximas eminencias de aprendizaje acelerado y personajes reconocidos a nivel mundial en relación a cómo las personas aprenden.

El objetivo de nosotros como empresarios y asesores enfocados a que las personas, instituciones y empresas puedan obtener mejores resultados en menos tiempo ha sido notoriamente enriquecido con las tecnologías exclusivas que hemos desarrollado para ello.

La base para tener resultados excepcionales por personas cotidianas sin importar su edad, es sin duda alguna *el aprendizaje* y esta publicación pretende dar a conocer fundamentos al respecto de nuestra tecnología TAOL® que hemos venido creando, observando, perfeccionando y enriqueciendo con el pasar de los años, comprobando que cada vez da resultados maravillosos a personas comunes.

El modelo educativo de TAOL® es el resultado del trabajo, dedicación y esfuerzo de miles de horas de capacitación y entrenamiento que hemos realizado con miles y miles de personas en diferentes lugares del mundo, con las más diversas actividades por más de 20 años, obteniendo siempre resultados positivos.

Este modelo educativo TAOL® está en constante evolución y perfeccionamiento a fin de que las generaciones siguientes logren seguir obteniendo resultados brillantes de mejora de personas comunes en muy poco tiempo.

3.2. Diferentes generaciones; diferentes maneras de educar

Debemos entender de manera clara y sin rodeos que estamos en un mundo en donde habitamos con una mezcla de *generaciones* y convivimos en una mezcla de generaciones.

Cada generación tiene sus rasgos particulares, sus características, sus necesidades y su forma de vivir. Es por esto que a los abuelos se les hace inconcebible que los nietos estén pegados en los videojuegos, en las tabletas o en sus "smartphones", y a los nietos se les hace inconcebible que sus abuelos tengan una vida tan sedentaria, ¿quien está en lo correcto?

Pues no se trata de estar o no en lo correcto, de lo que se trata es que son diferentes generaciones y como tal se desenvuelven de manera diferente.

Lo que es fundamental entender es el perfil de cada generación para que, basados en ese perfil, las personas que quieran educar, capacitar o entrenar a ese perfil les hablen en su lenguaje, de otra manera simplemente no se van a entender.

Esto pasa mucho más frecuentemente de lo que te puedes imaginar, pues tienes a un profesor de una generación que le está enseñando a un alumno de otra generación, es decir, tienes a una persona enseñando a un ritmo mucho más lento o diferente, cuando el alumno está en contacto con otro ritmo y por tanto simplemente no se entienden o no aprenden al mismo ritmo.

Es por esto también que el alumno muchas veces prefiere aprender entre su círculo de amigos o por sí mismo que con el maestro, simplemente porque con su círculo de amigos o con él mismo se entiende mucho mejor que con el maestro, para muchos alumnos los maestros simplemente parecen "discos rayados", parece que el aprendizaje es viejo, obsoleto o poco atractivo cuando encuentran a un maestro que llega con su libretita amarilla con la que él estudió cuando estuvo en la escuela, y en su mente el alumno dice: — *"Creo que mejor le preguntaré a mis compañeros ahora que salga de clase o simplemente me meteré a Internet y lo aprenderé"*. Por esto muchos maestros, capacitadores o entrenadores ven a sus alumnos papaloteando y con los ojos en blanco.

Tenemos que comprender y asimilar de manera indudable que hay diferentes generaciones conviviendo entre sí y para esto te voy a mencionar una de las ideas más finas al respecto, que te ayudará enormemente en tu vida, ya sea que como alumno estés conviviendo con un entrenador o capacitador, o que como maestro estés enseñando a algún alumno.

Meagan Johnson y Larry Johnson, en su libro *Generations INC.*, nos describen de una manera muy particular y amplia todo lo que debemos reconocer al respecto de la convivencia entre diferentes generaciones, dándonos un panorama enriquecido y enorme de cómo podemos sacar un provecho positivo de esto[8].

Antes, las generaciones que marcan nuestra historia hasta el día de hoy son:

---

[8] Johnson, Megan. Johnson, Larry, Generations INC, AMACOM; USA, 2010

1. Tradicionalistas: nacidos antes de 1945

2. Baby Boomers: nacidos entre 1946 y 1964

3. Generación X: nacidos entre 1965 y 1980

4. Generación Y: nacidos entre 1980 y 1995

5. Generación Z: nacidos entre 1995 y 2005

6. Linksters: nacidos del 2005 en delante

Tips para convivir mucho mejor con los Baby Boomers

1. No los ignores.

2. Busca hacerlos tus mentores.

3. Pregúntales constantemente cómo pueden contribuir.

4. No te rindas ante ellos.

5. Aprende a manejar la resistencia.

6. Muéstrales que son colegas o que están al mismo nivel.

7. Conversa con información evidente y objetiva para llegar a acuerdos.

8. Ofréceles actividades, necesitan sentirse útiles y productivos.

9. Respeta su experiencia.

10. Dales su espacio sin llegar a abandonarlos.

11. Prueba que tú tienes un alto desempeño a través de mostrarlo físicamente y con resultados .

12. Captura su sabiduría y experiencias.

13. Motívalos en sus propios términos o en lo que les agrada.

Tips para convivir mejor con la Generación X

1. Dales un reconocimiento individualizado.

2. Crea equipos colegiados o equipos de trabajo.

3. Establece una meritocracia; un reconocimiento en base al mérito plasmado en hechos.

4. Ayúdales a disfrutar de su estilo de vida.

5. Concédeles un horario flexible pero que no deje de lado la responsabilidad.

6. Ayúdales a prepararse, capacitarse y ser mejores en su trabajo para que tengan un mejor desempeño.

7. Aplica el estilo de liderazgo "Donald Trump" (Terror por resultados negativos).

8. Elimina las reglas estúpidas y conserva únicamente las que valen la pena.

9. Hazles entender porqué las políticas de la oficina son importantes.

10. Rétalos constantemente.

11. Mantén las cosas en movimiento, olvídate de tenerlos monitorizados.

12. Recompensa a los ganadores.

13. Déjales claro el plan de recompensas.

14. Ofréceles espacios sabáticos donde ellos puedan capacitarse.

15. Olvídate de estar encima de ellos haciendo micro management.

16. Dales retroalimentación constante.

17. Permíteles ser ellos mismos.

18. Crea espacios y acciones con diversión.

Generación Y

Esta generación es importantísima, puesto que ellos serán la fuerza laboral del futuro próximo y serán las personas que estarán aprendiendo también en el futuro próximo, por lo tanto debemos comprender bastante esta generación.

El no comprender a esta generación simplemente dará como resultado un rotundo error que traerá graves consecuencias y al final no pasará nada o pasarán cosas negativas.

De acuerdo a *Connecting to the next Generation*[9]:

1. 27 % de la generación "Y" tiene una computadora.

2. 94 % de la generación "Y" tiene un teléfono celular.

3. 76 % de esta generación usa mensajes instantáneos.

4. 69 % tiene una cuenta de Facebook.

5. 44 % lee blogs.

6. 34 % utiliza sitios de Internet como su principal fuente de noticias.

7. 28 % es autor de un blog.

Debemos comprender entonces que esta generación es mucho muy particular y que le tiene tanto miedo a la computadora como la generación X

---

[9] Junco, R y J. Mastrodicasa. Connectting to the next generation: what higher education professionals need to know about today´s students. NASPA, USA, 2007

tenía miedo al tostador de pan, es decir, ¡nada! Para ellos esto es perfectamente natural.

Tips para convivir mejor con la Generación Y

1. Crea oportunidades para que ellos estén convencidos por sí mismos de que vale la pena estar en dónde están.

2. Diles las cosas de manera directa y sin rodeos.

3. Evita los comentarios como: "En mis tiempos…"

4. Crea reglas y políticas amigables y adecuadas para la Generación Y.

5. Ábrete a ambientes en donde el trabajo conviva con Internet y lo virtual.

6. Ofrece una manera de que puedan tener flexibilidad en sus tiempos.

7. La Generación Y necesita espacio, así que tú debes interactuar con ellos de manera amistosa, no como jefe Baby Boomer.

8. Agrega un poco más de diversión a todo: al ambiente, a la vida, al trabajo...

9. Diles: "Por qué"

10. Ofréceles un coaching cercano y guía para que puedan desenvolverse mejor.

11. Muéstrales constante retroalimentación, el doble que a los de Generación X.

12. Corrígelos de manera amigable, pero correctamente y, sobre todo, a tiempo.

Tú puedes utilizar la tecnología ahora para tener mejores resultados en tu aprendizaje y lograr lo que quieras más rápido, la base está en poder identificarte a ti mismo, así como a tu audiencia, y saber qué tipo de generación eres tú o son ellos; sabiendo esto podrás volverte experto o tener expertos con los cuales tu audiencia se identificará y será posible articular el conocimiento de una manera más adecuada para obtener mucho mejores resultados.

ADVERTENCIA: El no tomar en cuenta estas consideraciones traerá resultados desagradables, pues tus compañeros o tu audiencia harán un esfuerzo mayor en entenderte y con esto su mente estará no solo trabajando en entender el mensaje, sino que además estará trabajando doble al esforzarse en comprender y unirse a la brecha generacional.

Es necesario e imprescindible que cualquiera que sea la tecnología o técnica de educación o aprendizaje que utilices se adapte a la generación de la persona. Las generaciones están marcadas por largos acontecimientos muy importantes, es por esto que la Gente Lista logra resultados 5 a 50 veces mayores a la gente ordinaria, porque una de las cosas que sabe es que necesita adaptarse al momento y no hacer ver que él tiene razón desde su generación, sino que la Gente Lista se adapta a la generación y adaptándose la generación logran increíbles resultados.

3.3. Los Mitos de la Educación

Todos estos años de experiencia en el campo identificando diferentes maneras de educar y de aprender nos han dado una lista inmensa de *mitos* que las personas tienen en sus cabezas al respecto de la educación.

Dichos mitos lo único que logran es hacer chiquita la capacidad de aprendizaje y la motivación de las personas y los estudiantes. Con esto alejan la posibilidad de tener excelentes resultados en poco tiempo; esto conlleva a que anden por el mundo infelices o solo atendiendo y trabajando en aquello que su aparente capacidad les da, lo cual es terrible, porque como seres humanos tenemos todos una enorme capacidad de aprendizaje y de realización, mucho más allá de lo que imaginamos. Si no fuera por esos malditos mitos e ideas que la gente común ha comprado, adoptado, adaptado o hecho suyos porque "alguien de su confianza" (sus padres, sus maestros, sus amigos, los amigos de sus padres, los pastores o líderes de su iglesia, su familia, etc.) se los dijo y creyeron que era verdad. Como hemos dicho aquí, posiblemente se lo dijo con la mejor intención, porque esas personas también aprendieron eso de sus antepasados, pero ¡llegó el momento de romper esos mitos! Así que aquí te vamos a compartir algunos de ellos que son los más repetitivos y frecuentes con los que nos enfrentamos:

El mito del dinero:

1. "Solo si estudio en una escuela de alta inversión obtendré mejores resultados."

2. "Mientras más cara la escuela, un mejor futuro tendrá mi hijo o mi hija."

3. "Solo si mis hijos van a las mejores escuelas podrán ser exitosos."

4. "No tengo dinero para mandar a mi hijo a una escuela privada, por lo tanto ya sé que posiblemente no llegue a ser alguien."

5. "Como no tengo dinero, no tengo manera de accesar a buenos conocimientos."

Todos estos mitos y todos los que se relacionan con ellos son falsos. Es cierto que si tú vas a las mejores universidades te encontrarás con personajes que han tenido muy buena suerte o tienen una enorme fortuna y eso puede impulsar tu carrera. Sin embargo, también en las mejores universidades hay muchas personas inútiles, flojas, improductivas y parasitarias que no por haber ido a la mejor universidad tienen una mejor vida o hacen un mayor bien al mundo. También debemos ver la otra cara de la moneda: hay personas que no han tenido una formación académica, no han ido a otro tipo de escuelas más que las públicas, o bien, no han tenido nunca dinero, y han logrado ser personas súper exitosas, empezando desde cero, sabiendo cómo hacer las cosas para triunfar y creando un enorme bien para la humanidad. Busca y encontrarás inmensidad de ejemplos de esto. No hace falta que hagas una investigación exhaustiva, con que mires a tu alrededor en tu medio social te darás cuenta de esto que te estoy hablando.

De nuevo, no estamos diciendo que el ir a las mejores universidades sea malo o el aspirar a estar en un mejor lugar sea malo, lo que estamos diciendo es que es un mito el que te asegura tu futuro solamente si tienes dinero para poder invertir en educación. Lo repetimos por si por alguna extraña razón no se entendió lo anterior: *no estamos diciendo que el ir a las mejores universidades sea malo.*

El mito del estudiante excelente:

1. "Los estudiantes que sacan 10 o el mayor grado son aquellos que triunfarán en la vida."

2. "Yo no tengo mucha cabeza para eso y se refleja en mis bajas calificaciones, pero mi compañero sí y por eso le va a ir bien."

3. "Si me aprendo de memoria lo que el profesor me pide para el examen y saco 10, entonces me irá muy bien en la vida."

4. "Toda su vida ha estado becado, seguro todas las puertas se le abrirán y encontrará el mejor trabajo."

5. "Si sacas 10 eres bueno, si sacas menos de 10 eres burro."

Hemos visto cientos de veces a personas que en la escuela siempre brillaban y tenían una colección de dieces o de los mejores grados académicos, por supuesto, tenían hasta una beca y los profesores no se cansaban de decir a sus alumnos (hasta el hartazgo) cómo es que estas personas que siempre sacaban 10 eran excelentes alumnos. Seguro que eran excelentes alumnos, pero ¿cuántas veces se han encontrado con esos excelentes alumnos después de 10, 15 o 25 años y estas personas no han pasado de ser parte del promedio o debajo del promedio nacional?,¿cuántas veces te has encontrado a alumnos que nunca figuraron, o que siempre estaban por debajo del promedio como estudiantes y en la vida les ha ido excelentemente bien, han logrado lo que han querido, han tenido un éxito personal, familiar, espiritual, han obtenido aquello que deseaban y hacen mucho bien al mundo?¡MUCHAS!

Esto es una realidad y *el mito del estudiante excelente es*: que no por ser un estudiante excelente te asegura que el futuro será miel y dulzura.

No estamos diciendo que sea malo ser un estudiante excelente, a lo que nos referimos es que el ser un estudiante excelente no garantiza tu futuro. Lo que tienes que aprender es a no nada más estudiar como desesperado, quemarte las pestañas, ser el más *nerd* de tu generación y sacarte las mejores calificaciones o los mejores grados, sino reflexionar: ¿cómo eso que estás aprendiendo lo puedes usar o explotar en el día a día, de tal manera que se vea el progreso de la aplicación de eso que aprendiste? Si eres incapaz de aplicar lo que aprendiste y desarrollarte en la vida, entonces prácticamente de nada sirvió aquello que aprendiste, ni tus 10´s.

El mito de la academia contra la realidad

1. "En la academia somos los únicos expertos en estructurar y por lo tanto los que debemos dar a conocer el aprendizaje."

2. "Si los muchachos que salen de la academia salen bien, entonces serán exitosos."

3. "En la academia tenemos un programa de estudios basado en un montón de datos que nos indica que las cosas deben ser así."

4. "Mientras más certificados académicos tenga nuestro profesorado, nuestros alumnos estarán más preparados y serán exitosos."

Es correcto, para tener una academia se necesita un método de estudio en el cual basar sus planes de estudio. Todas las academias (e incluso todas las personas que se dedican a la educación) tienen su propio método de estudio y creen fehacientemente que "este" es el mejor método de estudio, están convencidos de ello, sin embargo, hay un grave problema y es el siguiente: que muchas veces se piensa que es imposible hacerlo mejor de otra manera..

Todos los que nos dedicamos a la educación y al aprendizaje debemos estar conscientes de que *siempre habrá una mejor manera de hacerlo, ¡S-I-E-M-P-R-*

E! Que siempre lo podremos hacer mejor, tendremos que adaptarnos a las generaciones actuales, debemos ser flexibles. Y sobre todo, siempre debemos ser muy rápidos para lograr ese cambio.

Hay un error tremendo en la parte académica y es que miden únicamente su resultado de salida, (claro, así ha sido durante los últimos cientos de años y es lo que "está en su control", además que casi casi, por mandato divino así es. ¡¿Cómo nos atrevemos a contradecir esto?!) es decir, si los alumnos al salir de la escuela salieron con buenas o con malas notas y hasta allí llega la medición de la academia.

En realidad lo que deben medir es un resultado a largo plazo, es decir, cómo esos alumnos que salieron se están comportando en el futuro, ya en la realidad, en el día a día, en el trabajo, para saber si necesitan hacer cambios en su plan de estudios. Obviamente, muchas academias e instituciones de educación se oponen a esto, alegando que ese no es el fin; sin embargo, desde nuestro punto de vista, ese es precisamente el objetivo: el que el alumno se realice en los años que vienen después de terminar la escuela, después de terminar el curso o después de terminar el diplomado, es decir, lo importante es el resultado también en el largo plazo y no solo en el corto plazo.

El ver solo el resultado al salir de la escuela o del curso es una manera miope, incompleta, básica, de ver las cosas. Esto debe cambiar. Y ha empezado a cambiar en aquellos que están convencidos de que el verdadero resultado de la educación y de aprendizaje se da 3, 5, 10 o más años adelante, cuando esas personas reflejan en la realidad lo que aprendieron o en lo que se educaron o se les capacitó.

Estos son solamente los mitos que más frecuentemente nos encontramos y es por esto que los hemos mencionado. El abordar todos los mitos que hemos recabado nos llevaría tal vez dos o tres libros, pero estamos seguros, al igual que *Pareto*, que este es el 20% de los mitos que si logras quitar de tu mente obtendrás el 80% de los resultados. Así que pruébalo, verifica estos mitos y si crees que no son ciertos; "Si te choca, te checa", probablemente sea porque estás dentro de uno de ellos y, lógico, no te conviene creer que eso es un mito. Pero recuerda que los paradigmas o creencias limitantes no son buenas para ti, así que ve las cosas tal y como son.

3.4. El E-learning como el movimiento actual más grande de la educación

Nos hemos tomado el tiempo para que en un solo apartado hablemos del E-learning, por la importancia y relevancia que este está teniendo a nivel mundial. Obviamente las personas que hacen su vida, es decir, ganan dinero honestamente del aprendizaje personalizado encontrarán una oposición natural al E-learning, debido a que este puede ser visto como un competidor , inclusive una amenaza que atenta contra su vida o su sobrevivencia (si no es la situación, favor de hacer caso omiso de los últimos renglones), pues muchos piensan que estaría quitándole parte del dinero que la gente dispone para educación. ¿Y sabes una cosa? Es cierto.

Lo importante es que tarde o temprano tú vas estar inmerso, si no es que ya estás inmerso o alguna persona de tu círculo ya está inmerso, en él, el migrar al E-learning es algo que no se va a detener, va a seguir adelante y para esto debemos entender exactamente a qué nos referimos con E-learning. Ruth Colvin Clark y Richard E. Mayer Óscar tienen una excelente definición al respecto en su libro: *E-learning and the science of instruction.*

Nosotros definimos el E-learning como la instrucción entregada en una computadora o dispositivo móvil, ya sea a través de un medio físico como un disco o un medio electrónico como el Internet. El E-learning cuenta con las siguientes características[10]:

1. Incluye un contenido relevante para los objetivos del aprendizaje.

---

[10] Colvin Clark, Ruth and E. Mayer, Richard, e-learning and the science of instruction: proven guidelines for consumers and designers of multimedia Learning, Second Edition, Pfeiffer, USA, 2008

2. Usa métodos instruccionales, como ejemplos y prácticas para ayudar al aprendizaje.

3. Usa elementos de comunicación, como palabras, esquemas, gráficas o dibujos para entregar el contenido y los métodos.

4. Puede ser liderado por el instructor (conocido como *E-learning sincrónico)* o diseñado para que el individuo estudie a su ritmo (conocido como *e-learning asincrónico).*

5. Construye un nuevo conocimiento y habilidades ligadas a los objetivos de aprendizaje del individuo o para mejorar el desempeño organizacional.

Como puedes, ver esta definición tiene elementos concernientes al respecto de *qué, cómo* y *porqué* el E-learning

1. *Qué*: el E-learning incluye ambos *contenido,* que es la información, y *métodos instruccionales,* que son las técnicas. Esto en conjunto ayuda a la gente a aprender el contenido.

2. *Cómo*: los cursos de E-learning son entregados a través de computadoras o dispositivos móviles, usando múltiples medios como los medios impresos, el texto, y las imágenes.

3. *Porqué*: los cursos de E-learning están enfocados a ayudar a los estudiantes a alcanzar sus objetivos personales con respecto al aprendizaje o a mejorar su desempeño en su trabajo, de tal manera que apoye finalmente a lograr o superar los resultados de la organización.

Tipos de contenidos del E-learning

No solo es importante entender qué es el E-learning, sino además entender cómo es que están estructurados los tipos de contenidos dentro del E-learning. Ruth Clark en el 2007[11] nos hace una excelente referencia de ello para darnos una idea clara de hasta dónde podemos llegar con los diferentes tipos de contenidos del E-learning. Así que los tipos de contenidos son:

1. Hechos: son datos específicos y únicos acerca de algo, por ejemplo, algunos símbolos de fórmulas de Excel.

2. Conceptos: son categorías que incluyen múltiples ejemplos, por ejemplo, las fórmulas de Excel.

3. Procesos: son un flujo de eventos o actividades, por ejemplo, las hojas de cálculo de Excel funcionan.

4. Procedimientos: son tareas llevadas a cabo paso a paso con acciones establecidas, por ejemplo, insertar una fórmula de Excel dentro de una hoja de cálculo.

---

[11] Colvin Clark, Ruth and E. Mayer, Richard, e-learning and the science of instruction: proven guidelines for consumers and designers of multimedia Learning, First Edition, Pfeiffer, USA, 2008

5. Principios estratégicos: son tareas llevadas a cabo adaptando los lineamientos que se tienen aprendidos, por ejemplo, hacer una proyección financiera con una hoja de cálculo Excel.

Sabiendo esto, puedes darte una idea de toda la estructuración profesional que tiene el E-learning y cómo esta estructuración profesional muchas veces va mucho más allá de lo que actualmente se tiene en muchos centros dedicados al aprendizaje. Es por esto que el E-learning funciona y funciona muy bien. En el método TAOL® nos encargamos de estratificar el conocimiento basado precisamente en estos tipos de contenidos de E-learning para que el estudiante obtenga mejores resultados en menos tiempo.

Dos tipos de metas del E-learning

No basta con conocer los tipos de contenidos del E-learning, sino que además debemos saber los dos tipos de metas del E-learning, las cuales son *informar* y *mejorar*.

La meta primaria de *informar* se trata de dar a conocer información a personas relevantes o interesadas en esa información, como por ejemplo, si hoy un empleado llega una compañía, se le da información importante al respecto de la empresa. En contraste, la meta de *mejorar* está enfocada a incrementar el desempeño de este nuevo empleado en su trabajo. Veamos la siguiente información:

1. Informar: lecciones que comunican información, como por ejemplo, la historia de la compañía y nuevas características en productos que se van a lanzar al mercado.

2. Procedimiento de mejora: lecciones que crean habilidades en los procedimientos, también conocidas como *habilidades de transferencia cercana*, por ejemplo, cómo ingresar a un sistema de computación o cómo completar un reporte de gastos de viaje.

3. Principio de mejora: lecciones que construyen habilidades estratégicas, también denominadas *habilidades de transferencia lejana*, como por ejemplo, cómo cerrar una venta y cómo analizar un préstamo para saber si es bueno o es malo.

¿Sigues pensando que el E-learning es cosa del futuro?

Posiblemente ya estés relacionado o posiblemente no tengas la menor idea al respecto del alcance del E-learning, pero para esto nos hemos dado a la tarea de darte a conocer algunos de los datos más relevantes al respecto del E-learning, porque nosotros estamos aplicando las mejores y más avanzadas tecnologías dentro de nuestras empresas de E-learning con el objetivo de que mejores tu desempeño como persona y como organización día con día, estamos convencidos que no solo basta con conocer, comprender y adaptar las tecnologías disponibles, sino que además tenemos que innovar y crear nuevas tecnologías que demuestren mejores resultados en menos tiempo, para cada uno de nuestros estudiantes. Esto es lo que nuestra tecnología TAOL® logra día con día, y para esto te comparto información de hechos actuales relacionados con el E-learning[12].

1. El término E-learning fue acuñado por primera vez en 1998.

2. El mercado del E-learning ha crecido 900 % desde el año 2000.

3. Aproximadamente el 77 % de las corporaciones norteamericanas usaron algún tipo de E-learning en el 2012.

4. El mercado del E-learning en Asia está creciendo a un 20 % por año.

5. El mercado del E-learning en India, Tailandia, Filipinas y China está creciendo a un ritmo del 35 % por año

---

[12] Ferriman, Austin, 11 random elearning facts, LearnDash, WordPress, USA, 2013

6. En 2012, aproximadamente 5 millones de estudiantes estuvieron tomando al menos una clase vía E-learning solamente en Norteamérica.

7. En 2014, 19 millones de estudiantes estarán tomando al menos una clase vía E-learning solamente en Norteamérica.

8. Se estima que para el 2019 el 50 % de todas las clases sean a través de E-learning en Norteamérica.

9. Gracias al E-learning, $0.85 de cada dólar son ahorrados en entregar información, es decir, tiempo de instrucción, viajes, materiales, etcétera.

10. El 23 % de los empleados dejan o abandonan su trabajo a causa de la falta de oportunidades y entrenamiento que su actual trabajo les da.

3.5. La Tecnología TAOL® y nuestro Modelo Educativo

Es claro que las organizaciones que más fácil se adaptan al cambio y más rápido lo hacen son aquellas que sobrevivirán y tendrán los mejores resultados, es por esto, que nosotros hemos desarrollado la tecnología TAOL® con el fin específico de que las personas y organizaciones obtengan mejores resultados en menos tiempo y con esto acorten el tiempo o la distancia para obtener su éxito, independientemente de lo que ellos tengan en mente como éxito.

No solamente las instituciones de educación, desde básica hasta superior, dejan claro que ellas están renunciando a viejos paradigmas y soluciones para adoptar y adaptarse a los nuevos y las demandas tanto sociales como económicas, además deben ser más eficientes, no solamente en la educación que brindan sino también en el resultado de esa educación en el futuro y que también tienen que ser eficientes hacia el interior de la organización en los puntos de ser más económicos y más eficientes en sus gastos sin arriesgar la estabilidad institucional ni el bienestar de sus estudiantes o de sus colaboradores, no obstante, es fundamental tener las bases sólidas relacionadas con la enseñanza y el aprendizaje.

En nuestras empresas donde utilizamos la tecnología TAOL® tenemos un pleno compromiso para facilitar el acceso a una educación y entrenamiento de la más alta calidad, y esto demanda una visión orientada hacia el aprovechamiento de las nuevas demandas sociales y tecnológicas para tener un motor más eficiente que impulse la economía, la sociedad y la prosperidad de las personas y de las naciones.

Es evidente entonces que debemos aplicar soluciones presentes para futuras demandas presentes de la sociedad, de las instituciones y de las empresas. Esto aplicado de forma eficiente nos dará el éxito y la abundancia en prosperidad, no solamente económica, sino además social, familiar y personal.

Historia general del TAOL®

Desde hace más de 25 años hemos tenido la fortuna de estar presentes en entrenamientos de clase mundial y desde hace más de 40 años hemos estado presentes en medios de educación escolares, por lo tanto tenemos la fortuna de entender tanto la educación escolarizada como la educación para la vida.

Al momento que tomamos muchos de los cursos y capacitaciones con grandes personalidades con reconocimiento mundial nos dimos cuenta que es interesantísimo conocer estas teorías, sin embargo, siempre había un problema y era que cuando regresábamos a nuestro lugar de trabajo nos era difícil llevar esas ideas de los gurús hacia la implementación directa. Ese fue el detonante para que nosotros creáramos, aplicáramos, perfeccionáramos y finalmente generáramos la tecnología TAOL®, la cual ha sido aplicada exitosamente con miles de personas que hoy en día están obteniendo mejores resultados en las más diversas instituciones y empresas en más de 22 países.

Propósito de TAOL®

El propósito es sencillo: que las personas, instituciones y empresas logren obtener en menos tiempo y con menos uso de recursos un mejor resultado, para con esto lograr el aumento de la prosperidad de las personas.

Esto lo conseguimos gracias a que el enfoque de TAOL® está puesto en observar el resultado a corto, mediano y largo plazo, ya que nos interesa que las personas sepan aplicar lo aprendido, que tanto las instituciones como las empresas observen y les sea tangible y benéfico aquello que su personal está aprendiendo.

Nosotros creamos un modelo educativo y de aprendizaje enfocado a los resultados en el corto, mediano y largo plazo, porque venimos de la industria, en ella se demandan y se viven cosas bien específicas (a diferencia de la academia), por esto es que la tecnología TAOL® soluciona problemas educativos y de capacitación de las instituciones y de las empresas, porque nosotros tenemos la sensibilidad completa y específica de lo que se ocupa allí para ser exitosos, cuando hemos llevado esta tecnología incluso a las instituciones educativas, ha sido un éxito increíble, pues los estudiantes de las instituciones ven cómo ese conocimiento que están obteniendo se refleja en la realidad de una manera tangible y 100 % palpable, precisamente por la perspectiva que la tecnología TAOL® les da.

El impacto esperado de TAOL®

Existen una serie de problemas, como lo hemos mencionado anteriormente, que se viven dentro de las instituciones y de las empresas, los cuales son atendidos (y muchas veces eliminados) gracias a esta tecnología. Dentro de estos problemas encontramos:

1. Se necesita personal más calificado en menos tiempo.

2. Se necesitan resultados positivos y sin errores en menos tiempos por parte de ese personal.

3. Las tecnologías evolucionan cada vez más rápido, por lo tanto, el personal debe adaptarse más rápidamente y producir sin errores bajo esas nuevas tecnologías.

4. Las empresas e instituciones necesitan que los estudiantes egresados sean productivos más rápidamente y acorten el tiempo necesario para adaptarse al trabajo.

5. Las instituciones y empresas necesitan capacitar a un número mayor de gente con mejor calidad de entrenamiento para obtener mejores resultados.

6. Se requiere que los egresados no solamente produzcan con calidad lo que se espera de ellos en menos tiempo, sino que además ya lleguen aportando nuevas ideas y nuevos conocimientos a las instituciones y empresas, para que estas puedan ser más competitivas en menos tiempo.

7. Se requiere optimizar los recursos para poder entregar la capacitación, es decir, mayor capacitación con menor uso de recursos pero teniendo un mucho mejor resultado.

8. La educación, capacitación y certificación del personal debe ser cada vez más constante y cada vez más precisa para que ellos siempre estén actualizados.

9. Se necesita una manera en la cual la capacitación no solamente sea efectiva, eficiente y eficaz, sino que además necesita ser de alta calidad e impartida por expertos en el tema, no por personas que pueden tener muchos años pero pocos resultados.

10. Se necesita atender a la demanda de educación cada vez más actual, con medios y conocimientos actuales para que los estudiantes y colaboradores den un máximo desempeño.

11. Se necesita darle todo lo que se pueda al estudiante o colaboradores a fin de que

ellos, en el menor tiempo, produzcan mejores resultados, con mejor calidad, con recursos más adecuados, que beneficien a las instituciones y a las empresas ampliamente.

12. Se necesita que los estudiantes y colaboradores aprendan a pensar y a racionalizar los resultados, que dejen de ser robotizados en sus conocimientos o actividades para poder expandir su visión emprendedora e innovadora en beneficio tanto de ellos como de las instituciones y de las empresas.

TAOL® está enfocado en cubrir estas demandas y necesidades a fin de que las empresas, instituciones y personas tengan un mejor resultado en menos tiempo. Lo hemos logrado y tú también lo podrás lograr con las enseñanzas que hemos compartido en este libro.

Pilares del Modelo Educativo TAOL®

Queremos darte lo más que podemos al respecto de nuestra tecnología para tu beneficio, sin embargo, por cuestiones de confidencialidad no es posible revelar todo y al ser una empresa dedicada al E-learning, nuestra tecnología se encuentra protegida bajo secreto industrial. No obstante, es de nuestro interés dar a conocer las bases para que tú puedas beneficiarte a lo grande de la aplicación de esta tecnología.

Nuestro modelo educativo tiene ciertos pilares fundamentales, los cuales sostienen fuertemente cada una de las acciones y decisiones que tomamos a fin de que obtengas el mayor beneficio, estos son:

1. El desarrollo de las competencias: buscamos que el alumno y el colaborador adquiera conocimientos y habilidades que le permitan desarrollar o hacer lo que tiene que hacer de una manera más eficaz, y con esto aportar para el logro de los objetivos

institucionales y empresariales donde se desenvuelva.

2. El desarrollo de su raciocinio: buscamos que el alumno y el colaborador no solamente obtengan información, sino que con esa información logren pensar, utilizarla y adaptarla de tal manera que puedan obtener mejores resultados, incluso mejores que los previstos en nuestros programas.

3. La atractiva selección del aprendizaje: buscamos que el alumno y el colaborador se sientan atraídos y les guste aprender, les sea fácil entender. Que lo que están aprendiendo y cómo lo están aprendiendo sea tanto lo importante como de la manera más atractiva y práctica para poder obtener mejores resultados en menos tiempo.

4. Disponibilidad del conocimiento: buscamos que el alumno y el colaborador tengan disponible lo que quieren aprender cuando lo quieren aprender y en donde lo quieren aprender, ya que día con día las personas tienen diferentes roles en una sola jornada .

Sabemos que no les es posible ajustarse a un horario y que es más práctico que el aprendizaje se ajuste a ellos. Eso lo hemos logrado con nuestra tecnología TAOL®

5. Información y mejora: buscamos que el estudiante obtenga la información específica, de la manera más conveniente, para lograr la mayor aplicación y desempeño de sus tareas en el menor tiempo y con el menor uso de recursos.

6. Acompañamiento experto: buscamos que el estudiante clarifique todas sus dudas con expertos en la materia para que no tenga ideas, conceptos o palabras malentendidas y con esto obtenga resultados no deseados, queremos que el estudiante tenga absolutamente claro cada uno de los conceptos en torno a lo que va a aprender o estudiar.

Sin duda alguna tú podrás poner en práctica cada uno de estos pilares en tu organización y eso nos pone felices, porque si lo haces de una manera adecuada entonces obtendrás resultados excepcionales.

Primer paso: TALENT

Antes que nada debemos comentar porqué las palabras están en inglés, es importante porque los resultados que hemos visto hasta el momento aplicando esta tecnología son excelentes y queremos llevarlos al mayor número de personas posibles, es por esto que hemos decidido nombrar cada una de las palabras en inglés, dado que es el idioma que es adoptado por la mayor parte de las personas en la Tierra. Entonces, si queremos hacerlo mundialmente accesible, debemos hacerlo de manera en que sea para todos, es por esto que las palabras no están en español, buscamos el mayor bien para el mayor número de personas.

TALENT (Talento) se refiere a que el primer paso es buscar a una persona con el talento demostrado y productizado en el conocimiento que queremos transferir a los estudiantes o a los colaboradores.

La Gente Lista siempre busca a personas con talento. Por una persona con talento entendemos a aquella persona que práctica formas de actividad, general o frecuentemente practicadas por otros, mejor que la mayoría de los que cultivan esas mismas aptitudes, es decir, es una persona arriba del promedio comparada contra sus iguales. De esta manera, cuando una persona toma como ejemplo a otra persona con talento, lo que obtiene no es una mediocridad, sino por el contrario, obtiene información mucho más valiosa que el promedio y eso en nuestra tecnología es sumamente importante, ya que buscamos siempre que sean personas con talento las que comuniquen la información a los estudiantes y colaboradores.

Segundo paso: *APPLICATION*

El segundo paso fundamental es APPLICATION (Aplicación), esto tiene que ver con que las personas que comunican información en nuestro método tienen que ser personas que forzosamente hayan demostrado con hechos tangibles que lo que están predicando lo hayan puesto en práctica y hayan obtenido resultados muy positivos, por encima del promedio, que sus competidores o sus colegas.

En nuestra tecnología no creemos en el conocimiento teórico exclusivamente, creemos en el conocimiento teórico aplicado, demostrado y comprobado con resultados positivos, en donde incluso sean los clientes o los receptores de esos resultados quienes hablen de cómo les fue con ese conocimiento.

Cuando una persona que ha obtenido resultados positivos y ha mejorado sus habilidades para obtener cada vez mejores resultados positivos en menos tiempo es quien te comparte el conocimiento, hay una inmensidad de elementos que se conjugan, dando por resultado que los estudiantes aprendan de una persona de éxito. Esto crea una magia en donde estos estudiantes y colaboradores aprenden mejor, más rápido y con mucho mejores resultados para las instituciones y empresas.

Tercer paso: *ORGANIZATION*

Ahora bien, no basta con tener a una persona talentosa que haya aplicado bien las cosas, el tercer paso es ORGANIZATION (Organización), pues se necesita de una organización de la información que ese talento va a dar para que se obtengan los mejores resultados de ese aprendizaje por parte de los alumnos y colaboradores.

La organización no solamente es cómo vamos a acomodar la información, ¡para nada! La organización es mucho más grande que eso y abarca desde la manera en la que obtenemos la información, la manera en la que la estructuramos y la manera en la que la entregamos a los estudiantes o colaboradores a fin de que ellos obtengan, como decimos nosotros, una información "concisa y con seso", es decir, la información que necesitan para lograr su mayor desempeño en el menor tiempo posible pero con los mejores resultados a corto, mediano y largo plazo.

Cuarto paso: *LEARNING*

LEARNING (Aprendizaje) es la etapa final y el resultado de todo esta tecnología TAOL®, donde nosotros observamos, pero sobretodo, comprobamos, que el estudiante está certificado en el conocimiento y en las habilidades transferibles que les compartimos a través de este método exclusivo.

El aprendizaje no solamente se mide con un examen, esto es algo promedio. Por el contrario, el aprendizaje se mide con las acciones en el día a día posterior a que ellos tomaron sus cursos. De esta manera las instituciones y empresas observan y se convencen de que lo que sus colaboradores y estudiantes aprendieron valió la pena. Y valió la pena porque están observando los resultados que están obteniendo. Podemos decir que valió la pena porque estos resultados son mejores que los que venían obteniendo anteriormente de la manera en cómo lo hacían antes.

Con TAOL® no queremos tener estudiantes y colaboradores que tengan "una cabezota" repleta de información y de datos, y que esa información y datos no baje hacia su cuerpo físico y se conviertan en resultados tangibles, apreciables y de alto valor.

Nosotros con TAOL® queremos generar Gente Lista, es decir, personas proactivas, constructivas, que cuenten con la información necesaria, con los datos necesarios, con los ejemplos necesarios, con las herramientas necesarias, con la sabiduría necesaria, con la motivación y opciones necesarios y con los elementos de soporte necesarios que le ayuden de manera significativa a obtener excelentes resultados con el menor uso de recursos en menos tiempo, tanto en el corto, como en el mediano y largo plazo para que logren propulsar a las organizaciones e instrucciones en la creación de una mayor prosperidad para ellos y para la sociedad.

3.6. ¿Por qué a la gente le encanta TAOL®?

Nuestra mejor intención es que tú utilices esta tecnología TAOL®, con lo que te hemos compartido hasta el momento, dentro de tu institución o empresa, incluso si eres estudiante y colaborador, que lo utilices para obtener mejores resultados en menor tiempo, ya que con la información que te hemos dado lo puedes hacer sin ninguna duda. Y eso nos llena de alegría.

Ahora bien, a la gente le encanta nuestra tecnología porque sencillamente con esta obtiene mejores resultados en un menor tiempo.

A continuación, te vamos a compartir la ciencia que hay atrás de nuestra tecnología hoy, y por lo tanto sabrás porqué el aprender de una manera cada vez mejor se vuelve algo fundamental para la Gente Lista. En nuestra tecnología aplicamos sin igual los siguientes principios del aprendizaje:

1. Aprendizaje Significativo (Ausbel, 1995): Que las percepciones, ideas, conceptos y

esquemas modifiquen los conceptos y esquemas de los modos de aprender; pero, ante todo, que lo que se aprenda tenga sentido para los estudiantes.

2. Aprendizaje Anticipatorio (Botkin, 1992): Que quien aprende no se centre tanto en la memorización de informaciones efímeras, sino en el desarrollo de habilidades para acceder, manejar, almacenar y comunicar la información. Una preparación para enfrentar las situaciones inciertas y novedosas.

3. Aprendizaje Creativo (Botkin, 1992): El estudiante debe participar en la creación y recreación de su entorno físico, social e intelectual, más allá de generar respuestas esperadas por los profesores, además de desarrollar la capacidad para crear nuevas alternativas de solución.

4. Aprendizaje Participativo (Botkin, 1992): Es aquel que se construye en comunidad o en sociedad con los otros, invitando a la reflexión y a la creación de alternativas para

solucionar problemas diversos, propiciando la cooperación y la colaboración.

5. Aprendizaje Autogestivo (Ander-Egg, 1999): Que el estudiante sea responsable de su propio aprendizaje, sobre los principios de actitud de curiosidad, capacidad para el diálogo, autodisciplina y trabajo cooperativo y colaborativo.

3.7. Testimonios del uso de la tecnología TAOL® en E-learning

La Tecnología y modelo educativo TAOL® ha dado resultados increíbles en el E-learning gracias a su fórmula 100% probada, aquí te mencionamos algunos de los testimonios de personas que han estado en contacto con esta tecnología a través de los diferentes cursos que se han manejado en diversos lugares.

Por cuestiones de protección a los datos personales y todas las leyes alrededor que en las últimas décadas se han formado y en los últimos años han estado fuertemente en vigor, no podemos compartirte el nombre completo de la persona pero sí el testimonio tal cual él lo redactó.

1. "Ha sido un enorme placer haber compartido esta gran experiencia y aprendizaje que nos han facilitado. Espero volver a obtener más información tan valiosa e importante y más si se trata de Big River. Gracias", *Agustin B., República Dominicana.*

2. "Es un curso excelente con nutritivos consejos, te abre la perspectiva del manejo de tu empresa o negocio", *Gicela M., León, México.*

3. "Muy satisfecho por todos los conocimientos adquiridos en este Diplomado y los anteriores realizados con Vds. El desglose de los módulos y el contenido de cada uno de ellos así como los ejercicios, formatos referenciales, póster y el

manual de impresión estuvieron muy enriquecedores. Ahora a ponerlos en práctica y compartirlo con el medio para crear conciencia y transformar la cultura en las organizaciones donde estemos ubicados y ya ansioso por comenzar el Nivel II.", *Rafael G., Venezuela*

4. "Totalmente feliz aprendí después de haber tenido muchos fracasos personales que lo más importante es la acción nada es imposible cuando lo intentas una y otra vez gracias a Dios por tan maravillosa oportunidad", *Jesús Ll., Campeche, México.*

5. "Me sirvió de mucho este diplomado, y a la vez me ayudó a despejar muchas dudas tanto en lo laboral y personal, y a la experiencia que he obtenido en la parte personal y profesional", *Junior F, Lima, Perú.*

6. "Excelente tanto el facilitador como los materiales de apoyo, me permitió complementar bajo el enfoque de sistemas conocimientos adquiridos esta noche en asignaturas tales como: agro negocios,

administración agropecuaria, experiencias como coordinador de emprendimiento del Centro de incubación e innovación empresarial del Instituto Tecnológico del Altiplano de Tlaxcala", *José C, Pueba, México.*

7. "Este curso me proporcionó un gran conocimiento sobre las mejores prácticas de Mantenimiento de Clase Mundial, enriqueciendo mi vida profesional", *Rodrigo N., Belém, Brasil.*

8. "Excelente curso, brinda el conocimiento y las herramientas necesarias para ser un verdadero emprendedor-innovador. Valió la pena cada minuto del curso, muestra en 10 lecciones lo que no te enseñan en la escuela y que difícilmente encontrarás en otro lado. Excelente, la verdad muy bien estructurado. Preescolar atención prestada y muchas felicidades por su trabajo", *Isidro R, Atlixco, México.*

9. "Excelente material, el entrenamiento fue muy dinámico desde el punto de vista de la disponibilidad del material, ahora creo

comprender muchas cosas consideradas de incógnitas antes. Excelente", *José R, Venezuela.*

10. "Estimados colegas, ¡¡les agradezco la oportunidad de haber participado de este diplomado, el cual fue de gran ayuda en mis tareas diarias!! Es de mi total interés continuar con los siguientes diplomados, así que esperaré atentamente cualquier novedad", *Rogelio H, Colombia.*

CONCLUSIONES

Más de 25 años de experiencia en el tema de la educación y capacitación nos han dejado grandes aprendizajes, cosas que funcionan y cosas que no funcionan, teorías prácticas y teorías no prácticas.

El haber tenido la fortuna de estar de manera presencial compartiendo experiencias con las autoridades más reconocidas del mundo de la educación, aprendizaje y capacitación sin duda nos dio un contexto amplísimo y herramientas de ultima generación.

Sin embargo, lo más importante es que cada una de esas ideas y enseñanzas las hemos puesto en práctica, las hemos probado y por lo tanto sabemos qué verdaderamente funciona a lo grande.

Lo que la Gente Lista sabe es que no tiene que ser un *nerd*, por el contrario, debe ser Gente Lista, que sepa cómo aprovechar de la mejor manera su tiempo para tener una vida plena, intensa y llena de cosas que le gusta hacer.

Tú eres una Gente Lista y puedes ser cada vez mejor, todos hemos nacido con esa capacidad, ¡todos! Lo único que debes hacer es volver a hacer contacto con esa habilidad que Dios te ha dado y explotarla al máximo.

Recuerda que muchos, quizá con la mejor intensión, te hicieron pensar que eres una gente común, ¡pero no lo eres y ya lo sabes! Tú puedes lograr lo que desees si tienes el método correcto, si sabes lo que la Gente Lista sabe del Aprendizaje... ¡y ahora ya lo sabes!

Visita, suscríbete y comparte nuestros Videos de YouTube: hemos creado una enorme cantidad de videos gratuitos para que puedas ir perfeccionando tus habilidades de venta, ¡no dejes pasar esta oportunidad! Búscanos en IGNIUSTV.

Estamos al pendiente para apoyarte al perfeccionamiento de tus técnicas de ventas, escríbenos a: info@ignius.com.mx

¡Todo el Éxito!

Ana María Godínez y

Gustavo Hernández.

Solicitud de Información

Por favor envíenme información acerca de: Próximos talleres y eventos, Adquisición de libros, Servicios especializados de asesoría.

Nombre: _____

Compañía: _____

Teléfono:_____ (_____)

Dirección:_____

Ciudad:_____ Estado:_____

C.P:_____ País:_____

Para recibir la información señalada, favor de enviar este Email a: info@ignius.com.mx

www.ingramcontent.com/pod-product-compliance
Lightning Source LLC
LaVergne TN
LVHW051631080426
835511LV00016B/2293